ALTDEUTSCHE TEXTBIBLIOTHEK

Begründet von Hermann Paul
Fortgeführt von Georg Baesecke und Hugo Kuhn
Herausgegeben von Burghart Wachinger

Nr. 97

I0643534

Konrad von Haslau

Der Jüngling

Nach der Heidelberger Hs. Cpg. 341 mit den Lesarten
der Leipziger Hs. 946 und der Kalocsaer Hs. (Cod. Bodmer 72)

Herausgegeben von

Walter Tauber

MAX NIEMEYER VERLAG TÜBINGEN

1984

CIP-Kurztitelaufnahme der Deutschen Bibliothek

Konrad <von Haslau>:
Der Jüngling : nach d. Heidelberger Hs. Cpg. 341 mit d. Lesarten d. Leipziger Hs.
946 u. d. Kalocsaer Hs. (Cod. Bodmer 72) / Konrad von Haslau.
Hrsg. von Walter Tauber. - Tübingen : Niemeyer, 1984.
(Altdeutsche Textbibliothek ; Nr. 97)
NE: Tauber, Walter [Hrsg.]; GT

ISBN 3-484-20197-5 kart.
ISBN 3-484-21197-0 Gewebe
ISSN 0342-6661

INHALT

VORWORT

Die Anregung zu dieser Edition ist von meinem verehrten
Lehrer, Herrn Prof. Dr. Hans-Friedrich Rosenfeld, aus-
gegangen. Bei der Ausführung dieser Arbeit, hat er mich
mit seiner großen fachlichen Kompetenz auf vielfältige
Weise unterstützt; ihm möchte ich hier meinen besonderen
Dank aussprechen.

Dem Herausgeber der ATB, Herrn Prof. Dr. Burghart
Wachinger, danke ich für die konstruktive Kritik und
die zahlreichen Besserungsvorschläge.

München, im Mai 1984

Walter Tauber

EINLEITUNG

Der Dichter und sein Werk

Das Gedicht ist in den Handschriften anonym überlie-
fert. Einen Hinweis auf den Verfasser finden wir im
sogenannten 'Seifried Helbling':

> *sprach diu Wârheit: 'sunder wân,*
> *man sol sie billîch schrîben,*
> *daz sie ze buoze blîben*
> *von Haslou meister Kuonrât,*
> *der in disem lande bat*
> *den wandelbæren jüngelinc*
> *niur umb einen phenninc.'[1]*

Diese Stelle - entstanden zwischen 1292 und 1294 -
liefert einen verläßlichen terminus ante quem. Die
freie Metrik und die nicht immer reinen Reime im
'Jüngling' weisen ins ausgehende 13. Jh. Als Entste-
hungszeit sind daher wohl die späten 70er oder frühen
80er Jahre anzusetzen. 'Seifried Helbling' stammt aus
Niederösterreich; Konrad, der als Landsmann bezeichnet
wird, war sicherlich ebenfalls Österreicher. Dies
zeigt auch der Sprachgebrauch, der zahlreiche öster-
reichische Eigentümlichkeiten aufweist. Die Bezeich-
nung *von Haslou* deutet auf den Ort Haslau an der
Leitha hin, kann aber auch heißen, daß Konrad in den
Diensten der Herren von Haslau stand. Offensichtlich

---

[1] 'Seifried Helbling' (ed. Seemüller, s. Literatur-
   verz.) II, 440ff.

ist er als fahrender Dichter umhergezogen und hat sich
ab und zu an den Höfen des Adels als Erzieher verdingt.
Dafür spricht vor allem die Tatsache, daß die Bedeutung
des Erziehers öfter betont wird. Von adligem Stande war
er jedenfalls nicht, sonst hätte er kaum um getragene
Kleider gebeten (V. 1180ff). Über weitere Dichtungen
Konrads ist nichts bekannt.[2]

Der Titel des Gedichts steht in den Handschriften
H und K als Überschrift: *Ditz bvchel heizet der jvnge-*
linch. Das Werk ist als Erziehungslehre für die adlige
Jugend gedacht. Die Forderungen und die sittliche Wer-
tung verdeutlichen den Unterschied zu den didaktischen
Werken der höfischen Zeit. Minne, ritterliche Ehre,
Turnierwesen und höfische Literatur spielen keine Rol-
le mehr. Der Lehrer erwartet statt dessen gepflegte
Kleidung, Reinlichkeit und gute Manieren, insbesondere
beim Essen. Eindringlich wird vor der Trunksucht und
den Gefahren des Würfelspiels gewarnt. Gegen Ende fol-
gen noch Ratschläge für den Erzieher; diese Unterwei-

---

2 Haupt (ZfdA 8, 1851, S. 587) glaubte, 'Seifried
  Helbling' VIII, 1227ff sei eine Anspielung auf ein
  weiteres Gedicht Konrads:
      vor sagt ir im altiu mær ,
      diu im der alte Haslouwær
      vor zweinzec jåren håt geseit.
  Gemeint ist damit jedoch Otto von Haslau, der noch in
  hohem Alter in der Schlacht am Marchfeld 1278 das
  österreichische Banner getragen haben soll; s.
  Ottokars Österreichische Reimchronik, ed. Joseph
  Seemüller, Teil I, Hannover 1890, V. 15781ff u.
  16218ff.

sungen (V. 1097-1228) waren wohl als Schlußteil ge-
dacht. Die anschließenden Verse, die das Verhalten
des Knappen beim Ausritt behandeln, gehören vermutlich
hinter V. 676 oder wurden später hinzugedichtet.

Das immer wiederkehrende Motiv der Pfennigbuße un-
terteilt das Gedicht in einzelne Sinneinheiten. Für
die aufgezählten Fehler und Laster muß der Jüngling
jeweils eine Buße von einem Pfennig entrichten. Bei
größeren Vergehen wird die Strafe auf einen Schilling
(V. 808), eine Mark (V. 928, 1096) oder auf ein Pfund
(V. 268) erhöht. Sind die Verstöße besonders verach-
tenswert, wird die Entgegennahme des Pfennigs verwei-
gert (V. 353, 452, 966). Im Anschluß an die Ausführun-
gen über den Erzieher, muß der *zuhtmeister* selbst 24
Pfennig oder 2 Schilling bezahlen (V. 1226-1228), da
ja er für die Fehler des Kindes verantwortlich ist.

Eine unmittelbare Vorlage läßt sich nicht nachwei-
sen. Gelegentliche Anspielungen oder Formulierungen
legen die Vermutung nahe, daß Konrad mit der höfischen
Dichtung vertraut war. Die Anstandsregeln bei Tisch
(V. 529-626) sind auch in sogenannten Tischzuchten an-
zutreffen, und Konrad wird wohl ebenfalls die eine
oder andere Tischzucht gekannt haben. Das Motiv der
Geldbuße[3] taucht in ähnlicher oder leicht abgewandel-

----

3 Vgl. dazu Typ Nr. 1661 bei Antti Aarne u. Stith
  Thompson, The Types of the Folktale, Helsinki [2]1961,
  S. 473.

ter Form häufig auf.[4] Es wurde in Europa durch die
'Disciplina clericalis' des Petrus Alphonsi (entstan-
den nach 1106) verbreitet. Die reiche Überlieferung
(knapp 60 Handschriften des 12.-16. Jh.s) zeigt die
außerordentliche Beliebtheit des Werkes, das vielen
mittelalterlichen Autoren als direkte Quelle diente.
Diese älteste Novellensammlung des lateinischen Mit-
telalters verarbeitete zahlreiche bereits vorgeformte
arabisch-orientalische Stoffe. So wohl auch in dem für
unser Motiv wichtigen VI. exemplum *(De versificatore
et gibboso).*[5] Es handelt von einem Dichter *(versifi-
cator)*, der den König um Erlaubnis bittet, als Tor-
wächter der Stadt von jedem, der an einem Gebrechen
leidet, einen Denar zu fordern. Eine Breslauer Hand-
schrift enthält den Zusatz,[6] daß man die Geschichte
auch auf den Sünder übertragen könne. Diese moralisa-
tio steht der Pfennigbuße Konrads näher: Der Sünder
müßte dann für jede Verfehlung eine Geldbuße entrich-
ten.

---

4 'Cento Novelle Antiche' ('Il Novellino') Nr. 53;
  'Gesta Romanorum' Nr. 157; Ulrich Boner, 'Der Edel-
  stein' Nr. 76; Johannes Pauli, 'Schimpf und Ernst'
  Nr. 285; Heinrich Steinhöwel, 'Äsop' Nr. 148.
5 Vgl. René Basset, Mille et un contes ..., Bd. 1,
  Paris 1924, S. 521f.
6 Vgl. Petrus Alphonsi, 'Disciplina clericalis', hg.
  von Alfons Hilka und Werner Söderhjelm, Helsingfors
  1911 (Acta Societatis scientiarum Fennicae XXXVIII,
  4), S. XXVIf.

Auf welchem Wege Konrad mit dem Motiv bekannt ge-
worden ist, wissen wir nicht. Denkbar wäre Vermittlung
über ein Predigtexempel. Direkte Übernahme aus dem La-
teinischen ist jedenfalls wenig wahrscheinlich, da
sich bei ihm keine Lateinkenntnisse nachweisen lassen.

Stil und Sprache geben dem Gedicht ein besonderes
Gepräge. Die realistische, häufig satirische Zustands-
beschreibung und die Verwendung von Vergleichen (V.
120, 227, 245, 558 u.a.), sprichwörtlichen Redensarten
(V. 23, 671, 970, 1026 u.a.), Rätsel (V. 834ff) und
Priamel (V. 463ff, 1169ff) unterstreichen die didakti-
sche Zielsetzung. Darüberhinaus hat der Dichter eine
Vorliebe für derbe Ausdrücke und drastische Bilder
(z. B. V. 397f) sowie Schimpfwörter (V. 247, 257ff,
592, 906ff u.a.).

Wegen der starken Dialektizismen war das Werk nicht
weit verbreitet. Lediglich auf den in der Nähe entstan-
denen 'Seifried Helbling' hatte es größeren Einfluß.

Überlieferung

H Heidelberg, Universitätsbibliothek, cpg. 341. - Um
1320/30, mitteldeutsch (wahrscheinlich Südböhmen).
Pergament, 374 Bll., 22,5 x 30,8 cm (das letzte Blatt
ist schmäler), zweispaltig, meist 40 Zeilen pro Spal-
te. Drei (oder vier) Schreiber. In der Regel rote ge-
reimte Überschriften; rote und blaue Initialen am An-
fang der einzelnen Werke und zur Kennzeichnung von
Sinneinheiten.

INHALT: 213 geistliche und weltliche Gedichte

(Märe, Bispel, Rede). Der 'Jüngling' steht (gegliedert
wie drei selbständige Werke mit eigenen Überschriften)
auf Bl. 123ra-131ra.

LITERATUR: Beschreibung und Inhaltsangabe bei
Gustav Rosenhagen (Hg.), Kleinere mittelhochdeutsche
Erzählungen, Fabeln und Lehrgedichte III, Die Heidel-
berger Handschrift cod. Pal. germ. 341, Berlin 1909,
Neudruck Dublin u. Zürich 1970 (DTM 17), S. I-XLI;
vgl. ferner Karl Bartsch, Die altdeutschen Handschrif-
ten der Universitätsbibliothek in Heidelberg, Heidel-
berg 1887, S. 82a-93a; Alois Bernt, Zur Heidelberger
Handschrift Cod. Pal. Germ. 341, ZfdA 52 (1910) 245-
259; Otto Richard Meyer, Der Borte des Dietrich von
der Glezze. Untersuchungen und Text, Heidelberg 1915
(Germanistische Arbeiten 3), S. 7-30; Mihm, S. 47-61,
135.

K Cologny-Genève, Bibliotheca Bodmeriana, Cod. Bodmer
   72, früher Kalocsa, Erzbischöfliche Bibliothek,
Ms. 1. - Um 1320/30, mitteldeutsch (wahrscheinlich
Südböhmen), Pergament, 333 Bll., 25,5 x 34,2 cm,
zweispaltig, meist 40 Zeilen pro Spalte. Ein Schrei-
ber, der von O. R. Meyer (s. o. S. 19-22) als einer
der Schreiber von H (Bl. 351-371) identifiziert wurde.
In der Regel rote gereimte Überschriften; rote und
blaue Initialen am Anfang der einzelnen Werke und zur
Kennzeichnung von Sinneinheiten.

INHALT: Stimmt größtenteils mit H überein. Der
'Jüngling' steht als Nr. XLVII auf Bl. 124rb-132ra
(der Schreiber hat hier die drei Gedichte aus H rich-

tig zu einem Stück zusammengefügt).

LITERATUR: M. G. von Kovachich, Nachrichten von
altdeutschen Manuskripten in Ungarn, in: Deutsches
Museum, hg. von Friedrich Schlegel, 4 (Wien 1813) 402–
440 (Beschreibung S. 404–406 u. 419–422, Inhaltsanga-
be S. 406–419); Johann Nepomuk Graf Mailáth und Johann
Paul Köffinger (Hgg.), Koloczaer Codex altdeutscher
Gedichte, Pesth 1817 (Beschreibung S. VIII–X, Inhalts-
angabe S. XI–XVI); F. W. Genthe, Deutsche Dichtung des
Mittelalters, Bd. 2, Eisleben 1841, S. 346–357 (aus-
führliche Inhaltsangabe); Friedrich Heinrich von der
Hagen, Gesamtabenteuer, Bd. 3, Stuttgart u. Tübingen
1850, S. 756–760; Konrad Zwierzina, Die Kalocsaer Hand-
schrift, in: Festschrift Max H. Jellinek, Wien u. Leip-
zig 1928, S. 209–232; Cornelius Sommer (Hg.), Hartmann
von Aue, 'Der Arme Heinrich', Fassung der Hs. Bb – Ab-
bildungen aus dem Kaloczaer Kodex (Litterae 30), Göp-
pingen 1973, S. V–VII; Mihm S. 47–61, 135f. Nach Mit-
teilung der "Fondation Bodmer" in Cologny-Genève ist
eine Faksimile-Edition der gesamten Hs. bei der ADVA
Graz in Vorbereitung; die wissenschaftliche Einleitung
dazu wird von Karin Schneider besorgt.

L Leipzig, Universitätsbibliothek, Ms. 946. – Anfang
des 14. Jh.s (vor 1349), mitteldeutsch, Pergament,
65 Bll., 24,5 x 33 cm, zweispaltig (das letzte Blatt
ist schmäler und nur einspaltig beschrieben), 39 Zei-
len pro Spalte. Zwei Schreiber. Rote Überschriften;
rote und grüne Initialen am Beginn der einzelnen Wer-
ke und zur Kennzeichnung von Sinneinheiten; vereinzelt

auch vergoldete Initialen.

INHALT: Den größten Raum (Bl. 1v–55r) nimmt der
'Sachsenspiegel' ein. Auf Bl. 55v–65v stehen sechs di-
daktische und geistliche Reimpaarreden (Auszüge bei
Friedrich Heinrich von der Hagen und Johann Gustav
Büsching (Hgg.), Literarischer Grundriß ..., Berlin
1812, S. 399–405). Der 'Jüngling' ist als letztes von
ihnen auf Bl. 64vb–65v unter dem Titel *der spiler* über-
liefert (enthält – mit mehreren Auslassungen – ledig-
lich V. 295–448).

LITERATUR: Beschreibung und Inhalt bei Rudolf
Helssig, Katalog der Handschriften der Universitäts-
Bibliothek zu Leipzig, Bd. VI.3: Die juristischen Hand-
schriften, Leipzig 1905, S. 77f; G. Homeyer, Die deut-
schen Rechtsbücher des Mittelalters und ihre Hand-
schriften, neu bearb. Ausg., Weimar 1931/34, Teil 2,
S. 152f, Nr. 681; Gustav Milchsack, Der sêle cranz,
in: Beiträge 5 (1878) 563f; L. A. Willoughby (Hg.),
Von dem jungesten Tage, Oxford 1918, S. 3; Rosenhagen
(s. o.), S. XXX.

Mit dem Verhältnis H:K hat sich am ausführlichsten
Zwierzina (s. o.) befaßt. Diese Untersuchung wurde
dann von Mihm (S. 51–61) bestätigt und weitergeführt.
Danach sind die meisten Stücke von K aus H übernommen.
Zwierzinas Argumente treffen im wesentlichen auch für
den 'Jüngling' zu: Der Schreiber von K verbessert bei
seiner Abschrift zwar offensichtliche Fehler aus H
(vgl. V. 11, 49, 55, 188, 306.307, 330, 360, 457), er
übernimmt aber auch zahlreiche zweifelhafte oder ver-

dorbene Stellen (vgl. V. 80, 125, 220, 253, 255, 283,
410, 505, 553, 587, 604, 681, 773, 889, 919, 954, 973,
982, 1047, 1055, 1206, 1251). Wo er von seiner Vorlage
abweicht, finden sich häufig nur belanglose Änderungen
(vgl. V. 3, 17, 34, 62, 63, 98, 132, 481, 500, 754,
927, 949, 1009, 1054, 1235; auch die Einschübe nach
V. 438, 472 und 514 sind wenig einfallsreich). Meist
bietet K in den Abweichungen die schlechtere Lesart
(vgl. V. 156, 271, 343, 466, 540, 552, 620, 631, 646,
691, 720, 766, 799, 857, 906, 920, 998, 1013, 1216,
1249). Nur in wenigen Fällen weist K eine bessere Les-
art auf (vgl. V. 1041, 1150, 1208).

In L ist vom 'Jüngling' lediglich V. 295-448 ent-
halten. Folgende Stellen sprechen dafür, daß dieser
Abschnitt H näher steht als K, vielleicht sogar aus H
entnommen wurde:

V. 344 *ez* H, *iz* L, *er* K

V. 365 *der wvrfel* H, *der wurfele* L, *der die wvrfel* K

V. 382 *sinen* HL, *sinem* K

Einschub nach V. 438 nur in K enthalten.

Zusammenfassend läßt sich also sagen: Der Schreiber
von K hat das Gedicht Konrads von Haslau (wie die mei-
sten anderen Stücke auch) aus H abgeschrieben. Der in
L überlieferte Teil des 'Jünglings' steht ebenfalls H
sehr nahe. Mehr zu sagen, scheint mir nicht möglich.

Einrichtung der Ausgabe

Der 'Jüngling' ist erstmals 1851 von Moritz Haupt her-
ausgegeben worden: nach der Heidelberger Hs. 341, mit

den Lesarten der Leipziger Hs. 946. Die Heidelberger
Hs. lag ihm allerdings nur in einer Abschrift Jacob
Grimms vor. Gelegentliche Auslassungen, falsche Kenn-
zeichnung der Seitenanfänge und fehlerhafte Wiederga-
be der Hs. sind vermutlich darauf zurückzuführen (vgl.
Anm. zu V. 4, 49, 67, 125, 145, 478, 666, 667, 788,
789, 920, 972, 1026, 1044, 1181). In Haupts Text fin-
den sich auch mehrere Emendationen, die nicht im Appa-
rat nachgewiesen sind (V. 49, 55, 78, 102, 205, 283,
360, 377, 443, 457, 573, 587, 652, 735, 816, 846, 952,
999, 1055, 1150, 1208, 1251). Es handelt sich hier um
offensichtliche Fehler des Schreibers, die zum Teil
wohl schon Jacob Grimm stillschweigend verbessert hat-
te.

Die vorliegende Edition basiert auf der Hs. H.; auf
eine sprachliche Normalisierung, wie sie Haupt vorge-
nommen hatte, wurde verzichtet. Ich habe den Text noch
einmal an den Hss. überprüft und zu den Lesarten der
Leipziger Hs. auch die der (lange Zeit verschollen
geglaubten) Kalocsaer Hs. angegeben. Es ist bis jetzt
offensichtlich übersehen worden, daß der 'Jüngling'
auch im Kalocsaer Kodex überliefert ist, obwohl be-
reits Karl Bartsch (S. 85a) darauf hingewiesen hatte.
Die Besserungsvorschläge von Haupt, Schröder und
Wallner wurden überprüft und entweder übernommen oder
in den Anmerkungen aufgeführt. Diese enthalten auch
Erklärungen zu schwierigen Stellen und Hinweise auf
Parallelen in anderen Werken. Haupts Erläuterungen zu
einzelnen Wörtern wurden ebenfalls in die Anmerkungen

aufgenommen, sofern diese Wörter nicht inzwischen im
Lexer oder in anderen Wörterbüchern gebucht sind.

Alle Emendationen sind im Apparat nachgewiesen. Die
textkritischen Vorschläge von Wallner, Schröder und
Haupt sind dort mit *Wa*, *Schr* und *Hpt* gekennzeichnet.
Ohne Nachweis wurde im Text

- die Verteilung von *u*, *v*, *w* und *i*, *j* nach dem jewei-
  ligen Lautwert geregelt (*w* nach Vokal wurde nicht
  geändert);
- *s* (*∫*) und *z* gemäß der Unterscheidung im Normalmhd.
  gesetzt;
- anlautendes *c*- (mit dem Lautwert [ts]) als *z*- wie-
  dergegeben;
- die Groß- und Kleinschreibung geregelt (die Majus-
  keln der Zeilenanfänge wurden nicht übernommen,
  Eigennamen sind groß geschrieben);
- die Interpunktion nach den heutigen Regeln vorge-
  nommen.

Getrennte Komposita wurden zusammengezogen, unrichtige
Zusammenschreibungen getrennt. Abkürzungen sind grund-
sätzlich aufgelöst (z. B. *v͞n* = *und*, *kr͞v* = *krump*, *od*⁵ =
oder).

LITERATURVERZEICHNIS

Editionen

Der Jüngling von meister Konrad von Haslau, hg. von
Moriz Haupt, ZfdA 8 (1851) 550-587.
Auszug bei:
Thornton, Thomas P.(Hg.): Höfische Tischzuchten. Nach
den Vorarbeiten Arno Schirokauers, Berlin 1957
(Texte des späten Mittelalters und der frühen
Neuzeit 4), S. 62-64 [enthält V. 529-626].
de Boor, Helmut (Hg.): Die deutsche Literatur. Tex-
te und Zeugnisse, Bd. 1, München 1965, S. 886-
891 [enthält V. 269-626 unter der Überschrift
'Vom Würfelspiel und von der Tischzucht'].
Der spiler, hg. von Heinrich Hoffmann von Fallersleben,
Altdeutsche Blätter 1 (1836) 63-65 [= V. 295-448
nach Hs. L].
Auszug bei:
von der Hagen, Friedrich Heinrich / Büsching,
Johann Gustav: Literarischer Grundriß zur Ge-
schichte der deutschen Poesie bis in das sech-
zehnte Jahrhundert, Berlin 1812, S. 404f.
Vetter, F. (Hg.): Lehrhafte Litteratur des 14. und
15. Jahrhunderts, Erster Teil: Weltliches,
Berlin, Stuttgart o.J. (Deutsche National-Litte-
ratur 12.1), S. 401f.

Textkritik

Haupt, Moriz: Ährenlese, ZfdA 15 (1872) 246-266 [zum
'Jüngling' S. 255f].
Schröder, Edward: Zum Text des Jünglings von Konrad von
Haslau, ZfdA 69 (1932) 334f.
Wallner, Anton: Garben und Halme. III. Konrad von Haslau,
ZfdA 72 (1935) 261-267.

Form und Inhalt

de Boor, Helmut: Die deutsche Literatur im späten Mit-
telalter. Zerfall und Neubeginn, 1. Teil: 1250-1350,
4. Aufl. München 1972 (Helmut de Boor / Richard
Newald: Geschichte der deutschen Literatur 3.1),
S. 391-393.
Ehrismann, Gustav: Geschichte der deutschen Literatur
bis zum Ausgang des Mittelalters, 2. Teil, Schluß-
band, München 1935, S. 330 und 336.
Euling, Karl: Das Priamel bis Hans Rosenplüt. Studien
zur Volkspoesie, Breslau 1905 (Germanistische Abhand-
lungen 25), S. 299.
von Karajan, Theodor Georg (Hg.): Seifried Helbling,
ZfdA 4 (1844) 1-284 [zu Konrad von Haslau S. 257f].
Martin, E.: Rezension zur Ausgabe des Seifried Helbling,
hg. von Joseph Seemüller, AfdA 13 (1887) 152-155
[zur Pfennigbuße S. 155].
Merker, Paul: Die Tischzuchtenliteratur des 12. - 16.
Jahrhunderts, Mitt. der dt. Ges. zur Erforschung va-
terländischer Sprache und Altertümer in Leipzig 11
(1913) 1-52 [zum 'Jüngling' S. 19f].
- Tischzuchten, in : Reallexikon der deutschen Lite-
raturgeschichte, Bd. 3, Berlin 1928/29, S. 370-373
[zu Konrad von Haslau S. 371].
Mihm, Arend: Überlieferung und Verbreitung der Mären-
dichtung im Spätmittelalter, Heidelberg 1967 (Germa-
nische Bibliothek. Dritte Reihe) [zu Konrad von
Haslau S. 53].
Neuer, Johanna Gloria: The historical development of
Tischzuchtliteratur in Germany, Univ. of California,
Los Angeles Ph. D., 1970 [zum 'Jüngling' S. 64-67].
Rosenfeld, Hans-Friedrich: Konrad von Haslau, in: Neue
Deutsche Biographie, Bd. 12, Berlin 1980, S. 541b-
542b.
- Konrad von Haslau, in: Verfasserlexikon, 2. Aufl.
Bd. 5, Sp. 194-198 (im Druck).
Schwarzbaum, Haim: International Folklore Motifs in
Petrus Alfonsi's 'Disciplina clericalis', Sefarad 21
(1961) 267-299 [zum VI. exemplum S. 298f].

Seemüller, Joseph: Studien zum kleinen Lucidarius ('Seifried Helbling'), in: Sitzungsberichte der Akademie der Wissenschaften Wien. Phil.-hist. Kl. 102, Wien 1882, S. 567-674 [zum 'Jüngling' S. 651-659].
- (Hg.): Seifried Helbling, Halle a.d.S. 1886, S. XXXIIIf und XXXVII.

Ditz buchel heizet der jungelinch

Die zuht was hie vor so wert,	H 123ra,
wer ir niht konde oder niht engert,	K 124rb
der het alle der wisen haz:	
nu sint die jungen án zuhten laz.	
5 bi zuht die edeln man ie kande:
unzuht ist noch gebeurische schande.
gebeuwer und herren kint,
wo die glicher tugende sint,
do ist daz lemerin worden bunt.   *H 123rb*
10 merket, wo veredelt ein jagehunt,
der ist boser danne ein hofwart,
wan er jaget niht die rehten vart.
welch herre mag haben leut und gut,
ob der wol oder ubel tut,
15 daz tun ouch gerne die sinen mit:
sust lebt man nach der herren sit.
an mir selbe ist manic wandel:
da mit ich nieman ubel handel,
nieman wan mines selbes leben.
20 so hat den herren got gegeben
leute vil, die ez alle swachet,
wa mit spotte ir herre lachet.

Vor 1 als Überschrift Ditz bvchel heizet der
jvngelinch Got der bezzer vnser dinch *HK.*
3 al K.   11 hofwrt H.   17 selben K.   22 herze
HK (verb. nach Wa).

ein hovewart grinen, bellen sol:
so zimt dem winde swigen wol.

25 het ich ein lehen von den fursten,
nach ir gabe liez ich mich selden dursten.
welch edel kneht missetete,
des er doch billich wandel hete,
daz er mirz zinsen solde,

30 min pfant ich wenic setzen wolde,
und ninder were ein jungelink,
er mŭst mir geben einen phennink,
wenne er missetete,
hiu waz ich danne gutes hete!

35   Welch edel kneht die sinne hat,
daz er minnet zuht vor missetat,
dem ist lĭp, waz man im gutes seit.
da bi ist einem schalke leit,
der sin unzuht melden kan.   *K 124va*

40 ich dinge, wer sichs zŭhet an
und spricht, wes maytzoge ich si,
der wer gegen mir niht zinses vri
und meltet als die wachtel sich.
unzuht die heizet unedelich.

45 wo gute rede swachet ein jungelinch,
der gebe mir einen pfenninch.

––––

32 mvste *K.*   34 hey *K.*   35 die *(Hpt)*] den *HK.*

Mangem jungen ist daz leit,
der in reht leret oder im reht seit,
und spricht 'wes zihet ir euh selbe niht'.   *H 123va*
50 der hat mit unfuge pfliht.
er solde sin genade und danch sagen
und von im wenden niht den kragen.
wo daz tut ein jungelinc,
der gebe mir einen pfenninch.

55   Manick edel kneht ist so tump,
daz er stet vor sinem herren krump,
uf einem beine und mit dem rucke.
wer er ein lade uf einer brucke,
man nem sin mit einem slehten wandel.
60 ich wen, er iemen als ubel handel
als sich selben, ob er missetut.
lernet zuht, ir kint; daz ist euh gut.
twaht die hende, snidet har und negel ab,
daz euh Zuht von ir brif iht schab.
65 wo daz niht tut ein jungelinc,
der gebe mir einen pfenninc.

Die wisen jehen des fur war,
in rehter lenge gewachsen har
ste baz dan uf die achsel hin.

---

49 sprich *H (verb. v. Hpt).*   55 kneh *H (verb.
v. Hpt).*   62 euh *fehlt K.*   63 die *fehlt K;* vnd snidet
K.   69 dan *fehlt HK (erg. nach Hpt).*

4

70 an dem selben het ich ouch gewin.
   ezn wer denne krus, reit, vlederin,
   dannoch sol ez in der maze sin:
   des bin ich sunder lougen.
   verworren harschopf in den ougen,
75 wo den treit ein jungelinch,
   der gebe mir einen pfenninch.
      Ir sult fur war mir gelouben,
   einez, heizet swebehouben,
   die deckt ein ore und den wirvellock;   *K 124vb*
80 hie vor belibet der grozer schock.
   der selbe dunket sich so knuz,
   im strauben her vorne die locke uz,
   als er in harnasch habe geriten.
   er ist mit roufen niht vermiten.
85 daz pris ich im in der fuge,
   als er uz einer stauden luge:
   wem solt ich anders in gelichen?
   wer niht sin har wil nider strichen,
   zwar, der selbe jungelinch   *H 123vb*
90 der gebe mir einen pfenninch.
      So treit manik edel kneht
   sine kleider gar unreht:

---

70 den *HK (verb. nach Wa).*   72 mazze *H.*   78 heizent
HK (verb. v. Hpt).   79 decken *HK (verb. nach Wa);* und
(Hpt)] vnder *HK;* wirvelock *H,* wirvelok *K.*   80 schopf
HK (verb. v. Hpt).   81.82 knŭz : ŭz *H.*   82 lock *H,*
lok *K.*   92 sin *HK.*

sin prisvadem hanget nider,
er rucket den gurtel uf und wider,
95 sin busem ist offen, sin hemde blecket.
ich wen er selden ist erschrecket
mit slegen oder mit worten.
er blibet vor der Zuhte porten,
so daz der selbe jungelinc
100 mir geb ot einen pfenninc.

Der zuhte besem ist vorpflegen.
man sol die schult uf die alten legen.
manch junger gerne reht tete,
der in von kinde gelert hete.
105 vorht und gewohnheit han den sit,
da zemt man leut, vogel und tier mit.
doch blibet der junge an schulde niht.
vil tugende er horet und siht:
wo die niht lernet ein jungelinch,
110 der gebe mir einen pfenninch.

Einen siten ich merken muz und sol.
ez gevellet niht den wisen wol,
der sich also uneret,
daz er den rucke keret
115 dem, der ouch ist eren wert.
ein villan, der niht eren gert,
der ste und kere sich war er welle.
zu dem selben toren ich geselle
affen, narren und einen bock.   *K 125ra*

---

94 wider] nider *K.*   98 pforten *K.*   102 schult
(*Hpt*)] svlt *HK.*

120 wer sich lenket als ein stock,
des dienst kan ich gepruven niht,
wan daz er ste vor daz liht.
wo also erstarret ein jungelinc,
der gebe mir einen pfenninc.

125   Manger wenet sin ere gar vertan,
sol er niht zu aller vorderst gan.
wer dinet ane dank, do er niht sol,
dem wirt gelonet selten wol.
wer also vergeben drunge,   *H 124ra*

130 daz er ein lit doch sunge
oder saite sust ein mere,
er wer truchseze, schenke oder kamerere,
er wer ein amptman oder ein bot,
er was und ist der wisen spot.

135 wer vor den herren hat ungebere,
ich sag im ein warez mere:
wo uf den tisch dringet ein jungelinc,
der gebe mir einen pfenninc.
    Manger vor dem tisch stat,

140 der anders niht ze schaffen hat
denne stozen, dringen, spotten, lachen.
daz solten gumpelleute machen.
er wenet, er habe sich wol behut,
ob sin herre des niht war tut.

---

122 stet *K.*   125 ere han gar v. *HK (Änderung nach Hpt).*   131 sait *HK (verb. v. Hpt).*   132 oder *fehlt K.*

145 so sitzet einer bi der tur
und sait sin hindermer her fur.
man funde noch mangen lerer,
ob zuht wer wert, unzuht unmer.
welch edel knecht hat leckers ampt
150 und sich der unzuht niht enschampt,
zwar, der selbe jungelinc
geb uns einen pfenninch.

    Zu hove ist manger durch die ere,
daz er dringen und schallen mere
155 dem glich 'ich bin ot ouch hie',
ern weiz ab, warum oder wie.
sin dinst wirt widerspene gar.
er neme e einer torheit war
e hubscher dienst, werk unde wort.　　　　*K 125rb*
160 kein bosez er nimmer uberhort.
wo schalkeit lernet ein jungelinch,
der gebe mir einen pfenninch.

    Manger hat der esel art:
er rumet einem fursten niht sine vart.
165 der ist der sinne ein kalp, der zuht ein rint.
alte junc, junc alte kint
werden in unzuhte gra
beide hie und anderswa.
wolden sie uf hoer stan,　　　　　·　　*H 124rb*
170 so sehe ein herre den andern an;

---

156 er weiz *K;* ab *(Hpt)*] aber *HK.*　　160 keine *H;* vber
hŏrt *H.*　　164 rŭmet *H.*　　169 hor *HK.*

so mohte man horen unde sehen,
wer sinne und fuge kunde spehen,
der ein man getiuret were
und im frumen und ere bere.
175 wo niht swiget und wichet ein jungelinc,
der gebe mir einen pfenninc.
    Mir ist mere an dem jungen leit,
der sinem herren oder iemen seit,
daz tuteln und trigen heizet,
180 und in mit worten dar zu reizet,
da von er kumen mak in swere.
verwazen sin die tutelere!
ich kund ir namen underscheit.
si werden erkant als gunterfeit:
185 da treuget man die kint mit.
so haben die wisen einen sit,
die kennen bi golde valsch wol.
ein man sich da vor huten sol.
wo tutelens pfliget ein jungelinch,
190 der gebe mir einen pfenninch.
    Manger dienet wan zu plicke.
den selben siht man dicke
sten und dringen uf die herren:
der kan sich der zuhte verren.
195 ein dienst, des niht der herre sehe,
und doch in triwen so geschehe

---

177 den *HK*.   188 hevten *H*.

dem herren zu eren und zu frumen,
der sold im zwir sin willekumen
und sold in wirden und im geben;   *K 125va*

200 so liebet im dienst und zuhtik leben,
wo zu blicke dient ein jungelinch,
der geb mir einen pfenninch.

    Ich konde wol biderbe leute machen,
wer ich ein herre; die wold ich swachen,

205 die ungefuret an tugenden weren:
die getriwen, biderben, erberen
wold ich gruzen und in sprechen wol;
so wurde min lop gar eren vol.
e der ungezogen daz lange lite,   *H 124va*

210 er liez lihte sin unsite,
so man den biderben wol hete
und im des niht entete.
man sol si unglich han,
den biderben und den bösen man.

215 wer den bosen zu wol hat,
da von in beiden missegat.
so verzaget der biderbe von der scham
und wirt dienstes ungehorsam,
so man imz missebeutet

220 und den bosen vor im treutet
mit werdiklicher handelunge.

---

205 weren *(Hpt)*] werden *H*.   219 im *K*.   220 im
(Hpt)] ir *HK*.

der gewaltige, riche, edel junge
sol erkennen, wer biderbe oder bose si,
so blibet er gegen mir zinses vri,
225 und lazze den bosen jungelinc
mir geben einen pfenninch.
    Mancher edelt sich als der mũsar.
der veht den vogel daz erste jar
und dar nach mũse immer me:
230 er scheuwet den dienst, der im tut we.
des tut der pilgrimvalke niht:
des muze hat schone und gute phlicht.
dem glichet der biderbe edele junge.
der stet uf guten dienst zu sprunge;
235 er strichet har und kleider nider,
als der edel vogel sin gevider.
so get manch heimzogen knab,
als er lulecken gezzen hab,
hiwer boser danne vert.   *K 125vb*
240 der selbe kleiner eren gert.
als ein zisgemel birget er sich.
er ist ungewizzen und mulich.
gegen den armen ist er knuz,
und gar ein hase des mũtes uz,
245 da heime reze als ein hovewart,
dem der gater ist verspart.

———

229 mvse *K.*   243 knũz *H.*   245 rezse *H,* resse *K.*

er vledermus der winkeltugent,
er lerne zuht in siner jugent;
so kan er si in dem alter wol.   *H 124vb*
250 ein man sich selbe zihen sol.
wo sich selbe niht zeuhet ein jungelinch,
der gebe mir einen pfenninch.
    Wer sol iz allez erpagen?
ez muz den lerer betragen,
255 wenne der junge so putschisen tut
und hat so gewischen mut.
er kranch, er storch, er elbiz,
er eul, er gouch, er gibiz,
er wergel, er grezel, er widehopf!
260 sol ich in zihen bi sinem schopf?
er orhun, er gans, er trappe,
niht ein kneht, er swelches knappe,
er fulch, er pfabe, er unvogel!
der siner unfuge ist so gogel,
265 daz er alle die untugent hat,
die im elich hirat understat,
daz ist mir von den wisen kunt,
der gebe mir billich ein pfunt.
    Ich kan tugent und untugent spurn.
270 ritewantzen, jucken, zende sturn,
und der ouch grinunde gat,

---

253 allez erslahen vnd erpagen *HK (Streichung nach
Hpt).*   255 pvtschizzen *K.*   263 e svlch *H,* er gvlch
K (verb. nach Wa).   271 gat] stat *K.*

so man sin unzuht understat,

er furriert sin untugent,

lernt er böse fur in siner jugent.

275 so er sich ir danne gerne ab tete,

so ist gewonheit so stete,

daz er da mit ersterben muz

und wirt im selden schanden buz.

sine besten frünt beginnen im leiden;   *K 126ra*

280 er sehe liber einen heiden

danne den, der im rehte saget.

wer an werdikeit verzaget,

dem ist von den wisen gach;

er slichet wan der bosheit nach.

285 er ist ouch ninder also gerne

als in dem schalle zu der taberne.

daz ist rehte sin paradis;

da wirt er arm und unwis;

des pfligt er spat und fru: *H 125ra*

290 da bringet in der wurfel zu.

daz streich an sinen wetzstein,

waz im da fuget daz ochsenbein.

wo die wisen scheuwet ein jungelinc,

der geb mir einen pfenninc.

295   Bekende ein rehter topeler,

waz untugent an spil wer,

er spilte benamen so stete niht.

---

283 den *HK (verb. v. Hpt)*.   291 strich *K*.   295 *Neben
diesem Vers als Überschrift der spiler L*.   296 an
spile vntvgende *L*.

spil machet manchen bŏsen wiht,

daz man in swachet und missetrowet,

300 so man in in boser fure schowet.

wer an im selben missetut,

der hat sin stete niht behut:

er verspilt sine beste zit.

manger daz dem wurfel git,

305 des er durch got ungerne enpere,

oder wo ein bose brucke were,

daz man die bezzert da mite,

oder ob er hette so reine site,

daz er iz durch ere verzerte

310 und sel und lip da mit ernerte.

sust verspart erz an sinem libe;

er nimt ez kinden und wibe,

vater und muter sam.

nu horet, waz ist dem spiler zam:

315 daz ist ungemach, armut mit sorgen.

wenne er muz vlehen umbe borgen,

so lidet er scham, spot und strafen.

er schriet uber sich selbe wafen,

---

298 blŏsen K.   299 daz] waz L.   301 selber L.
302 der] her L; nicht wol b. L.   303 der vorspilt
(verspilte HK) sine besten z. L.   304 manger] wer L.
305 daz her durch gut L.   306.307 vertauscht H.
309 ere mit vrouden zcerte L.   310 und] oder L.
311 sus ist verspart an sines selbes libe L.   312 her
nimet kinden vnde dem wibe L.   313 deme vater vnde
der muter sam L.   314 nv hore L; ist daz dem HK
(Streichung nach Hpt).   315 vnde armut L.   316 vnd
borgen HK, vmme daz borgen L.   317 spot scham L.

wenne im der wurfel ubel vellet,   *K 126rb*
320 wie vil er wunschet und snellet.
   spil hat nit und haz,
   geuden, rumen, wizzet daz;
   spil hat unzuht ze aller zit,
   zorn, swern und strit,
325 liegen, sweren und vluchen;
   sust kan ez alle untugent suchen,
   saumen und stete iteneuwe,
   argwan und afterreuwe.
   ez leret der untugende minne.   *H 125rb*
330 ez nimet kraft und sinne,
   dinest, vreude und kunst.
   ez verleuset guter freunde gunst.
   spil hat toren, affen ouch,
   narren und mangen gouch.
335 spil ist der tummen ougenweide,
   wie ez lere untriw und meineide.
   ez irret ouch gute hirat.
   e der wurfel in scheide von der wat,
   er beginnet rouben und steln:
340 sust kan ez kein untugent heln.

---

321 hat ouch upt vnd h. *L.*   322 kegen deme vromen
wizzet daz *L.*   325 sweren] stelen *L.*   326 alle *fehlt*
L.   327.328 *fehlen L.*   329 iz wendet manger tugende
mynne *L.*   330 kraf *H,* ime craft *L.*   332 sus verlust
her wiser lute gunst *L.*   336 wie *fehlt L;* leret *L.*
337.338 *fehlen L.*   339 stelen *H.*   340 spil kan
cheine vntugent verheln *L.*

ez pruvet aller schanden hort,

manslaht und boese wort,

grisgrammen, grinen, sich selben ezzen.

ez kan ouch bose gedanke mezzen.

345 im werden vint gute wip;

ez totet im sele unde lip,

ez nimet im gut und ere:

wie moht er verspilen mere?

ez frumt im aller slahte schulde,

350 da mit er verleuset gotes hulde.

wer mer verspilt, dan er hat,

daz ist so groze missetat,

daz mir sin pfenninch wer enwiht:

er mohte mich sin ouch gewern niht.

355 des selben zins mir niht behaget,

wer an werdikeit verzaget.

    Wie vil ein man mit spil gewinnet,

ist, daz er sich reht versinnet,

er muz ez gelden und wider geben,　　　　　　*K 126va*

360 wil er bi got mit eren leben.

dennoch hilfet den verlieser niht:

341–342 iz prubet unvure manger hande trvnkenheit
vnkuschliche schande manschlacht vnd geschante wort
die wol heizen aller svnde hort *L.*　　343 grinen]
erinen *K;* selber vrezzen *L.*　　344 ez] er *K.*
345 gute] reine *L.*　　349 iz vuget ime aller hande
schulde *L.*　　351 dan] wen *L.*　　352 so] ein *L.*
353–356 *fehlen L.*　　355 des] der *K.*　　360 wil *(Hpt)*]
wir *H;* eren] vrouden *L.*　　361 dennoch] die gulde *L.*

er hat hie und dort mit schaden pfliht.

ein itslich rehter spiler

hat vierhande gutswender:

365 der wurfel liht und der da zelt

und der zu dem pfande ist erwelt;

der vierde von dem tische und dem liht,

daz ist der wirt: und ob man trinket niht

den win, er si bose oder gut,   *H 125va*

370 da von so wirt er ungemut.

waz krefte hat do sin gewin,

die viere zihen wol einen hin.

bretspiler mein ich niht,

die man durch kurtzwile spilen siht

375 zu rehter zit und an verderben.

der kan bescheidenliche werben,

der mit zuht verleuset und gewinnet

und mit wisheit sich versinnet,

er si arm oder rich;

380 der ist dem spiler niht gelich,

der manger bi im selber treit

---

362 dort zv phlicht *L.*   363 ieclich *L.*
364 gutswender] giler *L.*   365 der die wvrfel *K;* lihte
H, licht *K,* lit *L.*   366 zv phande wirt erwelt *L.*
367 von tische vnd in daz licht *L.*   368 ob *fehlt L.*
369 den *(Hpt)*] der *HK.*   369.370 *fehlen L.*   371 craft
hat dan s. g. *L.*   372 die *fehlt L;* wol den einen *L.*
373 bretspil *L.*   374 habt mit schachzabile kurzcewile
phlicht *L.*   375–380 *fehlen L.*   377 gewinz *H (verb. v.
Hpt).*   381 den wurfil manger bi ime treit *L.*

sinen vint, der im widerseit,
die wurfel, wen er si let klingen.
er mag si mit worten niht betwingen,
385 si ensin im also holt,
der si schildet und von im bolt.
ich hanz gehoret und gesehen
waz wirde dem wurfel ist geschehen.
ich sach in gruzen und im nigen,
390 des gewin von im begonde stigen;
ich sach in kussen, treuten, loben,
e er in den butel wurde geschoben.
wie moht er im baz sin undertan?
er gibet, waz er ie gewan.
395 mir ist sin schande ouch wol bekant.
in sluc einer mit blozer hant,
daz er alle viere von im reckte
und im in der hant besteckte,
und schutte in, het er lebens kraft,   *K 126vb*
400 er mochte sin worden tobehaft.
sines zornes kan er niht widerkeren:
er bint si baz in sinen geren
und sleht si bi dem tische an.

---

382 sinem *K;* der im] deme her dicke *L.*
383.384 *fehlen L.*   385 her ist jenem a. h. *L.*
386 der in schildet oder *L.*   387.388 gesehen :
geschen *HK.*   387–430 fehlen *L.*   393 sin baz *K.*
401 sines] eines *K.*

waz er schock silbers ie gewan,
405 daz muz er allez wider geben;
dar zu drot man im an daz leben:
er schilt und trit in under die fuze.
wie man im der smacheit buze,
da von sint ouch neuwe mer: *H 125vb*
410 man strichet in als einen loufer
und leit in wider uf den tisch
und let in scherzen als einen visch,
mit twerhen sprungen als einen hasen.
in dem ofen und uf der asen
415 muzzen si die wart suchen.
ein schuler von den spilbuchen,
der kan si baz zu samne lesen,
danne der zu Paris ist gewesen.
er mack si alle behalten niht:
420 so wirt sin dinck aber enwiht.
wer ein wirt als ungemut,
daz er si wurfe uf die glut,
so riefen si alle: wera wer!
sust klubet man si uf als die ber.
425 so sint si von der selben not
gel, bleich und rot;
so mag man ir verbezzern niht:
'si sint noch gut und liht'
sprichet jener, der si lihet dar.

---

408 swacheit *K.*   409.410 mere : lovfere *K.*
410 stricket *HK (verb. v. Hpt).*

430 der selbe, der da wirt gutes bar,
    der kan sich balde an in rechen.
    er beginnet eim die ougen uzbrechen
    und hebet ein tobelich geschrei;
    den andern bizet er enzwei;
435 den dritten muscht er mit einem stein.
    die not lidet daz arme bein:
    als manich ecke der wurfel hat,
    als mange not in bestat.
    wer des wurfels eigen were,   *K 127ra*
440 den moht erbarmen dise swere.
    wer mir daz nimt, des ich niht han
    und nimmer ouch gewinnen kan,
    der kan mit sulcher wisheit ringen,
    als der den wurfel wil betwingen.
445 er treit im ane schulde haz.
    er hat weder ditz noch daz:
    er mag ouch niht an im gesigen:
    er nem im niht, liez er in ligen.
    da von er tumpheit wirt ervart.   *H 126ra*

---

431 in] ime *L.*   432 eim *(Wa)*] in *HK,* ime *L.*
433 *fehlt L;* tobelicher schrei *K.*   *Nach* 434 sus lut
der worfil knir kney *L.*   435 der dirte wirt zvnuschet
mit eime stein *L.*   437 eck *H.*   *Nach* 438 der in rechte
liep hat *K.*   439.440 *fehlen L.*   441 wer mir nimet
daz ich nicht enhan *L.*   443 der *(Hpt)*] daz *HK;* der
wil mit sulcher wise r. *L.*   444 gewinnen *HK.*
446 ern hat *K,* her enkan *L.*   447 her enkan ouch an
ime nicht gesigen *L.*   *Nach* 448 Finito libro sit laus
et gloria christo Amen *L.*   449 er *fehlt K.*

450 wer sin unzuht mit im bewart,
zwar der selbe jungelinc
habe im sinen pfenninc.

Welch edel kneht daz leithus minnet
und der bosen hulde da gewinnet,
455 der hat dar umb der werden haz.
nu pruvet, welchez im zeme baz.
der zweier er verirret wirt,
gut ritter und gut wirt.
dicke kostet ez in mere:
460 sele, lip, gut und ere
get mit der unfure hin
und krenket im mangen guten sin.
ein bosheit von der andern wirt,
ein frumkeit ouch die andern birt,
465 ein schade dicke den andern bringet,
eine tugent nach der anderen dringet.
dem tumben lip und sele verdirbet,
so der wise frum und ere erwirbet.
man wirt bi reinen leuten gut,
470 bi bosen lernt man valschen mut.
wederhalp der man wil keren,
daz kan in gewonheit leren.
wo daz bose erwelt ein jungelinch,
der geb mir einen pfenninch.

---

457 veruret *H (verb. v. Hpt).* 466 ringet *K.*
Nach 472 vnd im schande meren *K.*

475   Leithus gen ist manger slahte.
einer trinket in der achte,
daz er den leuten wol behage,
daz man daz dicke von im sage:
'er zeret sin gut bi leuten gern.'   *K 127rb*
480 so muz der ander trinken lern
fur den durst und durch gewonheit.
der dritte trinkens ist bereit,
daz er den tag vertribe da mite.
so hat der vierde einen site,
485 ob er sinen toren vinde
bi trunkem ingesinde.
der funfte trinket fur den gesunt.
so ist mir an dem sechsten kunt,
der trinket vor truren und vor swer: *H 126rb*
490 'ez ist gut win', spricht er, 'trinket her!
wir sullen wesen hochgemut.
ander jar, ander gut.
reuwik herze sol win han.
ich han ouch gutes vil vertan
495 und lebe bi den leuten noch.'
so trinket der sibende: wora woch!
da vor sol mich got bewarn.
der achte trinket durch versparn:
trunke er da haime, so trunke man mit.
500 daz ist boses riches wirtes sit.
der neunde trinket durch gesellikeit.

---

481 dvrch die *K*.   500 riches *fehlt K*.

so ist mir an dem zehenden leit:
der trinket durch gitikeit und durch nit
und gonde des nieman zu keiner zit,
505 des ein furstel vor im trunken were:
dem selben ist ere unmere.
wo die sinne vertrinket ein jungelinc,
der gebe mir einen pfenninc.
    Er geit dem leitgeben dicke viere
510 zu dem wine oder zu dem biere.
ez geschiht noch als ez e geschach,
daz schande, sunde und ungemach
ein man kouft mit sin selbes gut
und verkeret im den mut.
515 der lere saget er mir kleinen danch.
wer uf den tisch bi der banch
sitzet und weget die fůze,
nu merket, wie ich den grǔze:
der ist unzuhtik oder gewaltich   *K 127va*
520 oder ist so gar einvaltich,
daz er niht erkennen kan,
waz wol oder ubel ist getan,
oder er hat vintschaft uber mer,
daz man in iht slahe ane wer.
525 uf den benken zeme baz gesezzen,

---

505 daz ein fvrste vor (fvr *K*) in *HK (verb. nach Wa)*.
Nach 514 daz ez in dvnket kein gvt *K*.   515 mir] im *K*.
517.518 fvze : grvze *K*.

wan ab den tischen sol man ezzen.
wo sitzet uf den tisch ein jungelinc,
der geb mir einen pfenninc.

Uf den tisch sitzet manich man,
530 der niht zuht erkennen kan.
einer mit im selben spilt,
daz in der unzuht niht bevilt;
oder ligen vor im zabelsteine,
er klopfet und tafelt algemeine
535 und locket sich als ein kindelin.
so geuzet einer vor sich win
und malet sicheln und barten,
er snitzet, er krinnet, er macht scharten
in den tisch: daz ist unhubescheit;
540 ez ist den guten wirten leit,
wer die unzuht niht vermidet,
daz er in sinen tisch snidet.
wan daz han ich gesehen dicke,
er bicket, der ritzet, er machet stricke
545 oder malet einen taterman:
da wirt der tisch niht schoner van.
wo den tisch uneret ein jungelinc,
der geb mir einen pfenninc.

---

536 gevzzet *H*, gv̊zzet *K*.   540 ez] er *K*.   545 molet
HK.

Der tisch hat mange werdikeit,
550 so man tuch und brot dar uf geleit
und trinken und spise dar uf stet.
er sitzet, ob sin genoz zu get,
daz er von disem gar verbere,
ob er von dem tische were.
555 durch daz sol ein edel man
sich gerne tugent nemen an
und ezzen mit zuhten im genuch.
so sitzet mancher als ein pfluch:
er let bein und arm ragen,   *K 127vb*
560 als in die gusse dar hab getragen;
ern ruchet, wie im ligen die hende;
er leinet, als im tun we die lende;
den nehsten er mit der achseln snabet;
er beuget den rucke, wen er sich habet
565 durch ezzens gier uber die schuzzel.
der im setzte einen spruzzel under den druzzel,
daz er uf gerihte seze
doch die wile und daz er eze,
der het niht ubel in gehandelt.   *H 126vb*
570 manger in der schuzzel wandelt
und smucket daz beste in sinen munt:
dem ist gesellikeit unkunt,

---

552 sitze *K*.   553 disem *(Wa)*] tische *HK*.   565 ezzens
gie er vber *K*.   567.568 sezze : ezze *H*, seze : ezze *K*.

der sinen genozen uberizzet.

welch diner ouch den becher mizzet,

575 daz er im rinnet uber die hant

und im begeuzet sin gewant,

des dienstes ist ein teil zu vil,

und der daz trinken bîten wil

sinem gesellen, daz kan ich genozen,

580 sam er iz im in den bûsen welle stozen,

und hebet ez niht zu rehter zit.

wer ez also dicke ubergit,

zwar der selbe jungelinc

der geb mir einen pfenninch.

585   Ouch erkenne ich einen itwiz baz:

wer gerne redet uber daz maz

und sicht, so er trinket, uber den becher,

der ist da von niht dester vrecher,

und antwort, so man einen andern vraget,

590 des selben mich von im betraget,

er si herre oder knappe.

er speht, er breht, er snip und snappe!

wer ubel redet ane wan,

da keuset man verwarren an.

———

573 genazen *H (verb. v. Hpt).*   577 dienst *HK (verb.
v. Hpt).*   579 genozzen *H.*   580 bûsem *H,* bvsem *K
(verb. v. Hpt).*   586 maz *fehlt HK (erg. v. Hpt).*
587 sicht *(Hpt)*] sich *HK.*   594 verwerren *K.*

595 unzuchtige rede und gebaren
    kan des mannes ere varen.
    sust gebart er als die leuteschihen.
    er kan die ougen niht wider zihen,
    wo er hin beginnet sehen.   *K 128ra*

600 dem muz man unzuhte jehen,
    und er garret als ein orehan,
    der den munt kan offen lan.
    so manschiert dirre mit den wangen,
    als in busunens welle blangen.

605 im gen ougen und zunge entwer;
    er sicht hin und her
    und drucket als ein vederspil,
    daz gert und mer ezzen wil;
    er izzet als ein mader   *H 127ra*

610 und trinket als ein bader.
    ditz heizet allez ungenuht.
    so pruvet man ouch dar an sin unzuht:
    kumt im iht seltsens uf den tisch,
    ez si wilpret, vogel oder visch,

615 wil er ez ezzen und niht teilen.
    da mite kan er sine tugent meilen.

---

595 vnd niht *HK (Streichung nach Hpt).*
600 vnzvchten *K.*   601 orrehan *H,* orhan *K.*   604 als
er bvsvnen welle blasen sangen *HK (verb. nach Wa).*
612 sin *fehlt K, nachträglich mit kleiner Schrift ein-*
gefügt H.   613 seltzsens *H,* seltsenez *K.*   616 er
fehlt HK (erg. v. Hpt).

wer die uztrunke wil verwazen
und wil der unzuht sich niht mazen,
der brot brichet unde reret
620 und an urloup in daz trinken meret
und schut daz brot zu den füzen
der sold mir daz vil billich büzen.
wer zu unzit von dem tische gat
und enruht wie erz tuch ligen lat,
625 er ezze ubel oder wol,
der selbe mir einen pfenninch sol.
   Welich edel kneht dinen wolde
williclich, als er solde,
der nem hovischer zuhte war.
630 so treit manger sinem herren dar
daz trinken reht die riht uf in.
stunde er ein teil von im hin,
daz er lenger beiten wolde,
daz er sehe wo er an geben solde!
635 er kniet keine wîs niht nider.
er wer ot gerne dannen wider: •
durch daz slet erz von der hant.
so ist daz unzuht ouch genant.
spricht der herre zu dem kneht   *K 128rb*
640 'trinck selbe', trinket er, so tut er reht.
heizet in aber trinken ein ander kneht,
so ist ez michel unreht,

---

620 an] am *K.*   621.622 fvzen : bvzen *K.*
631 trinket *K;* riht] recht *K.*   640 trinck] trinkt *K.*

oder sust in schimpfe ein gumpelman;
da verleuset er sine wirde van.
645 so hat manch herre ouch den site,
der let in sten so lange da mite,
daz er muz uf den beinen wenken.
daz suln die alten ouch bedenken.
wer einem kinde let daz liht   *H 127rb*
650 so lange, untz man ez swinden siht,
daz ist ein vil unwiser sit:
da leidet man im den dienst mit.
so ist manic kneht in den witzen,
so in der herre heizet sitzen,
655 so spricht er 'ja sten ich wol':
der tut ouh niht, als er sol.
manch junger ist dem dienste von,
untz er wirt michel als ein ron.
so er vor den herren stet
660 reht als ein undersetzter glet,
den der wint hat geneiget,
da mit er sware und alter zeiget,
so stünde im baz in siner hant,
daz die vinde kumbers mant.
665 doch han ich michelen man gesehen,
dem man zuht und fuge must jehen,
und einen kleinen so ungefugen,
daz alle die werlt mac genugen.

---

646 let] tet *K.*   652 im *(Hpt)*] in *HK.*

wo der michel kintlich tut
670 und der junge hat eltischen mut,
da ist daz hinder her fur gekeret,
daz mir min gelt billich meret.
wa der junge ist dienstes trege,
dem muz ich da von sin unwege,
675 so daz der selbe jungelinc
mir gebe einen pfenninch.

    Ez ist noch unzuhte vil,
die manger niht erkennen wil.
sol ich daz nemen uf minen eit,   *K 128va*
680 wer sin gewant offen treit,
so daz da eneben man im siht
sin linwat swartz und des ich niht
nennen wil noch ensol,
ez gevellet niht den wisen wol.
685 der gute alte site verkeret
und die bösen niwen meret
an libe, an har und an gewande,
des er hat schaden und schande.
mit einem ermel mentel sint   *H 127va*
690 und gollierleppel: er ist ein kint,
der so wunderlich geruste tihtet,
daz in vor den wisen rihtet:
daz solde ein loter tun, ein schalk.
so hehet einer einen fuchsbalk

---

681 so da en neben daz *HK (Umstellung nach Hpt)*.
691 richtet *K.*   692 vor *(Wa)*] von *HK.*

695 an den hut und let die oren ragen:
des moht min houbet niht getragen,
ez tet mir in dem kragen we.
als dackten sich die schemen e,
do si die kint schrackten mit.

700 wer hat so dorpische sit,
der enruchet, waz man da von saget.
waz et im selben wol behaget,
also stet nu des jungen mut,
daz dunket pezzer danne gut:

705 er achtet niht, wen ez beswart.
wer sine tumpheit bewart
mit der torheit vorzeichen,
der sol mir einen pfenninc reichen.
    Unzuht vil nahen hat gesiget,

710 durch daz man ir stete pfliget.
ez was e mangen wirten zorn,
stechmezzer, houben und sporn,
truk man iz an urloup vor die vrowen;
so must man in spotte schowen

715 golmer und naz har,
braht er ez ane houben dar.
der sorgen ist im worden buz:
er get vor die vrowen barfuz.
manich ungezogen knabe   K 128vb

720 zug ungerne sinen mantel abe

---

698 schamen HK (verb. v. Hpt).   702 et] er HK.
714 man in in spotte HK (Streichung nach Wa).
720 zug] zvnge K.

gegen vrowen, rittern und pfaffen.
die wisen haben in fur einen affen,
wer stete unzuhtiklichen tut.
hantschuch, swert, mantel, hut
725 treit er bi gesten und bi kunden.
doch wer im lip zu mangen stunden,
do er ritter wurde oder wirde hiete,
daz man im dienst und ere biete.
wes jugent wil nieman ere biten,   *H 127vb*
730 den kan die bosheit miten,
reht als ir lon ist gestalt;
in eret ouch nieman, wirt er alt.
ez wer im ane schade und schande,
schied er durch zuht von sinem gewande;
735 ez were im ersam unde gut,
zuge er abe mantel und hut:
ob dirre halt were sin genoz,
man jehe des, sin zuht wer groz.
wo des niht tut ein jungelinc,
740 der geb mir einen pfenninc.

   Einem wisen manne sait man mere,
daz sin sun gar ungeraten were.
daz begonde er durch triwe klagen.
doch bat er im die warheit sagen,

727.728 hete : bete *HK (verb. v. Hpt).*   730 miden *K.*
731 reght *H.*   735 were *(Hpt)]* wir *H,* wirt *K.*   *Vor*
741 *als Überschrift* Ditz ist ein mer von einem lvgener
H.

745 waz unfuge an im lege.
   sin maitzog jach: 'er ist gar trege,
   da man frumen und eren werben sol;
   dar umbe spriht man im niht wol.
   so ist daz die ander missetat:
750 er verspilt allez, daz er hat,
   und wil sich durch mich sin niht gelouben.
   er ist gar ein swelch und pfliget ze rouben
   und lebt in manger ungenuht.
   er schilt und sprichet ane zuht
755 und get mit bosen wiben umme.'
   'daz wende ich wol, daz der tumme
   muz alle sine bosheit lan,'
   so sprach der wise alte man,
   'ditz ist mangem e geschehen.   *K 129ra*
760 ich wil im eren und richeit jehen.
   ist er aber iht anders wandelbere?'
   'ja er ist gar ein lugenere.'
   'owe, daz ich ie wart geborn!
   so ist helfe und lere an im verlorn.
765 waz ich in lazen hiez,
   und er mir des niht war liez,
   so wer niwan min klage neuwe   *H 128ra*
   und breht mir truren und reuwe.
   er touck mir zu einem kinde niht,
770 wan er hat zu aller bosheit pfliht.

———

754 und] er *K*.   766 wart *K*.

weren an im alle die untugent,
die ein man hat von kindes jugent,
da moht man in e von gescheiden,
daz si im alle begonden leiden,
775 danne von der luge alleine.
er leuget der werlde allgemeine;
er leuget von kinde und von wibe;
er leuget von sines selbes libe;
er leuget von vater und von muter;
780 ezn wart nie vreunt so guter,
er liege im und sin selbes herren.
luge kan sich allen tugenden verren:
da von ist er nieman reht.
er leuget der dirne und dem kneht.
785 luge kan sele und ere vellen.
er leuget brudern und gesellen.
nie grozer missetat wart funden:
er leuget den vremden und den kunden;
da von er ist gar wandelbere.
790 er leuget sinem bihtigere;
er leuget got, der in hat
geschaffen. durch die missetat
wil ich mit richeit in niht sterken;
daz sult ir mir fur triwe merken.
795 wer armer leuget, und wer der rich,
des luge wer zwir als schedelich:

---

771 waren *HK.* 773 man *fehlt HK (erg. v. Hpt).*
776 alle gemeine *HK.*

wan lüget der arme dem richen vil,

daz richet er wol, wenne er wil,

wan er der luge in widertribet,　　　　　　　　　　*K 129rb*

800 daz er sigelos belibet:

so leuget der riche wol zallen ziten,

wan im tar nieman wider striten,

wan er die luge zu verlegen hat,

daz man der luge im zu gestat.

805 ein rich verschamter lugenere

ist got und der werlt schadebere.'

wo schedelich leuget ein jungelinc,　　　　　　　*H 128rb*

der gebe mir einen schillinc.

　　Wer mich vraget an disem mere

810 wie alt, wie junck er billich were,

der mir unzuht zinsen sol,

des kan ich in bescheiden wol:

wer vor alter oder vor jugent enkan

erkennen, waz swachet einen man.

815 hat der junge kindes sit,

da vert niht grozer wunder mit.

die jungen preis ich, sint si vro

und vurchten meisterliche dro.

wie alt, wie junck er ist an jaren,

820 wil er wan tumplich gebaren,

---

799 lvge in in w. *K.*　　802 in *HK (verb. v. Hpt).*
812 in *fehlt HK (erg. v. Hpt).*　　813 enkan] kan *HK.*
814 er kennet *HK.*　　816 wnder *H (verb. v. Hpt).*

zwar, er muz mir sin ein kint.
wo die selben jungen sint,
ez si ritter oder kneht,
der gebe mir billich min reht.
825 man let mangem jungelinge
sin unzuht niht so ringe,
er muz umb unfuge dicke geben
sel, ere, lip, gut und leben.
lieber mohte der selbe jungelink
830 mir geben einen pfennink.

    Keye hat lazen mange kint,
die wirs dan er geraten sint,
also ez ist bescheiden mir.
der ist eines weder wurm noch tir,
835 ez ist weder vogel noch visch,
und gehort doch uf der herren tisch;
ez ist weder wip noch man
unde treit doch gute kleider an;
ez ist weder ritter noch kneht   *K 129va*
840 und ist der warheit nieman sleht;
ezn ist weder varnder man noch pfaffe;
ez wenet sin wise und ist ein affe;
ez hat liste und bose kundikeit;
tugent und ere ist im leit;

---

823 ez] er *K*.   *Vor* 831 *als Überschrift* So ist ditz
von einem schalke vnd ist ein mere kranke *H.*

845 alle frumkeit ez ze torheit machet;   *H 128va*
    ez spottet so vil, daz man sin lachet;
    daz bose ez lobet und swachet daz gut,
    als ez denne vindet der herren mut;
    'ja herre' ist im daz beste
850 und an trigen ouch daz leste;
    ez brichet sines herren willen selten,
    ez muge sin geniezen oder engelten;
    die werden ez von hove dringet;
    daz bose ez allez zu oren bringet,
855 als ez durch triwe si geschehen
    und man im wisheit muz jehen.
    welch herre ein sulch gesinde hiet,
    der solde im geben gumpelmiet,
    dar nach sin leben were gestalt.
860 ez ist gestellet als ein ribalt.
    mit poshait machet ez sich zam.
    bitens irret ez niht die scham:
    da von mag im niht engan.
    waz ezzens man im fur setzen kan,
865 daz muz allez in sinen balk.
    nu jehens, ez si ein hoveschalk.
    des entut der erengernde niht:
    da von man im dicke ubersiht.
    des biderben mannes zageheit

---

845 ze *fehlt HK (erg. nach Wa).* 846 ez *(Hpt)*]
er *HK.* 855.856 geschen : iehen *H.* 857 welche *K.*
858 sol *HK (verb. v. Hpt).*

870 ist, wo die zuht im widerseit:
   da vert der zage an scham fur sich.
   gemach an ere ist sin gerich
   und wie er gute site verkere
   und sunde und schande durch richeit mere.

875 wie boslich er hat gut gewunnen,
   er sprichet, er hab sich wol versunnen.
   wer frumkeit tut, der kan sich leren,
   sich selben und den herren eren.
   der bose retet, daz er selbe tut.   *K 129vb*

880 leut, ere unde gut,
   selde und mange groze habe
   muz da von nemen allez abe,
   daz ez allez im niht eren geit.
   wanne varnde gut sich verleit:

885 da man ez uber sweimen lie,   *H 128vb*
   da genuzzen sin jene oder die,
   und quam doch selbe dritte wider
   zu sinem rehten ursprink sider
   und brachte mit im frumen und ere;

890 da von wart itsliches mere.
   daz haben die argen nu verkeret.
   milt dekeine bosheit leret,

---

886 *Vor* oder *mit kleiner Schrift* vn̄ *eingefügt H.*
889 brahten *HK (verb. v. Hpt).*   889.890 eren : mere
K.   892 dekeine *(Hpt)*] die keine *HK.*

ein man wolde danne im selbe geben.
als lernent hoveschelke leben.
895 ein boswiht gan dem biderben niht,
daz an sinen schaden doch geschiht.
kumt dem herren ein notik man,
der frum und wirde erkennen kan,
tut er im sinen kummer kunt,
900 ez wendet san sin valscher munt;
oder let ez sinen armen diner sin,
er tut sin untugent schin.
er ist ungebeten ein fursnalle;
er runet und loseredet fur si alle
905 und let niman sin rede tun.
owe, er kragelundez hun!
er mulkleffel, da man swigen sol!
ja kan ich im glichen wol
ein bose glocke, die man lange leutet.
910 daz er niht let, daz man im verbeutet.
er alter wibe pfragenmarket,
der sust an untugenden starket!
er schedelundez blasehorn,
daz den wintvank hat verlorn!
915 ich wil in harte selten prisen.
er klaffendez hufisen!
owe, er karrende tur!

---

893 im danne selbe *K.* 896 doch *nachträglich mit
kleiner Schrift eingefügt H.* 906 er e *K.* 913 blose
horn *HK.*

er kirret wider unde fur
als in slaf ein blenkende lin.   *K 130ra*
920 er swaterende wagenschin!
er kaller, er beller, er vederspil,
daz grimmet und doch niht vahen wil!
mir ist sin kundikeit wol kunt.
er schalkhafter vogelhunt,
925 der sich so weckerlichen ruret   *H 129ra*
und sinen herren umbe furet.
er ist nie so listick noch so kark,
er gebe mir billich ein mark.
In dem mantel an zwein steten
930 sol nieman hin fur treten,
vor dem tische und der kirchen grat.
manger, der niht wihe hat,
den siht man uf den alter dringen,
als er mit dem pfaffen welle singen.
935 wer vrevelich vor gote stat
und uf im weiz groz missetat,
daz ist, als der sinem herren wil tratzen,
der in lîbes und gutes mak beschatzen.
got ist selbe, do man messe singet.
940 wer in sunden ane zuht zu dringet,
ez si wip oder man,
der stunde verre baz hin dan.

---

919 als in *(Wa)*] sin *HK;* blonkende sin *HK (verb. v.*
Hpt). 920 swaterender *K.* 925 rvrret *HK.* 927 kark]
starc *K.* 938 geschatzen *K.*

ez dringet durch gagern uf den kor
vil manick ungefuger tor.
945 wer eines hulde niht enhiete,
der solde dem nehsten bieten miete,
vlehen, biten, dienstlich eren,
so konde er in zu gote keren.
wer gotes hulde mit vorhten gert,
950 der wirt des williklich gewert
umb hochvart, vintschaft, unreht gut.
wer eine hochvart denne tut,
der erwirbet da niht me
wan der wiz vil me dan e.
955 got des zu dem bethus niht enwil.
unnutzez ruren und sprechen vil,
spotten, irren, honen, lachen,
da mit kan manger sunde machen
mer, danne kein teufel tu: K 130rb
960 wan er spricht wol den leuten zu,
und muz man in horen und sehen;
daz kan dem teufel niht geschehen.
welch man also zu kirchen kumt,
daz er mere schadet danne frumt,
965 des opfer ist got ungeneme: H 129rb

---

945 enhete *K* (i *nachträglich eingefügt H*).
949 hvlden *K*.   951 umb *fehlt HK* (*erg. nach Wa*).
952 tut (*Hpt*)] gvt *HK*.   954 wan daz er vil weiz *HK*
(*verb. nach Wa*).   959 keine *HK* (*verb. v. Hpt*).
961.962 sehen : geschen *H*.

mir ist ouch sin pfenninch widerzeme.

Manich junger ist verzaget:
waz man im guter lere saget,
des hat er niwan sin gehilder.
970 ezn wart nie hirz so wilder,
man machet in mit vorchten zam:
welch junger wechst ane scham,
der ist da von niht tugende wis;
er wirt mit schaden schanden gris,
975 wan er fur gut daz bose nimt.
tagalt den edelen leuten zimt;
da hat er keinen willen zu,
daz er die lerne oder tu.
hubsche kunst dunket in swere.
980 ern wer ein wurfelklaubere,
er kumt ot zu den leuten niht.
reht als dem ufen im geschiht:
wa edele vogel han ir spil,
daz ist, des er niht enwil.
985 dem glichet der misseraten junge.
der stet durch wirde niht zu sprunge;
er treit nach affen siten sin har;
er trubet und ist missevar;

---

973 ist *fehlt HK (erg. v. Hpt)*. 973.974 weis : greis
H, wĩs : grĩes *K (verb. v. Hpt)*. 980 er wer *HK (erg.*
v. Hpt). 982 affen *HK (verb. v. Hpt, s. ZfdA 15,*
256).

er ubet gebeurisch narrenspil,
990 daz schaden bringet und schanden vil,
die wort mit spotte, daz man lachet,
da mit er vrůnt und mage swachet:
so honet ouch in vil manger wider:
sust liget itweders lop da nider.
995 e, da ein man den andern eret,
da was ir beider lop gemeret:
nu kumen schelten, trullen, triegen,
effen, gumpelen und liegen
mit parat als ein gumpelman,   *K 130va*
1000 der niewan laicherie kan.
wo luderns pfligt ein jungelinch,
der gebe mir einen pfenninch.

    Wie wechset an wisheit und an tugent
manick edel man in siner jugent,
1005 daz bosheit von im nider siget   *H 129va*
und vreude und ere an im stiget,
wenne er der tumpheit wirt erlost,
und wirt aller siner vrůnde trost,
und ist leuten und land ein ere,
1010 wan er lebet nach der tugende lere,
wenne er ist mit tugenden sinrich.
als wechset ein tore im ouch gelich.

———
989 gebŭrische *K.*   997 trigen *H.*   998 tzvmpelen *K.*
999 gampel man *H (verb. v. Hpt).*   1009 lant vnd
levten *K.*

waz zu einem toren werden sol,
dem spricht man nimmer also wol
1015 als von erst, wenne ez reden wirt;
wan nerrischeit an im birt
so ie lenger so ie baz,
so dinet er wan der besten haz.
des ist die torheit sin gewer.
1020 ungewizzen, kundich und her
so wirt die ubel sin geseit
und die schande an im breit.
valsche werk mit bosen worten,
sust wechset er fur an allen orten.
1025 ditz kan ich sust wol ebenmazen:
alle stige gen zu strazen.
klein ist des kindes wisheit,
untz daz ez nach tugenden reit:
so nimt ez die Selde in ir pflege
1030 und bringet ez uf der tugende wege:
des hilft im zuht und kunst,
da mit er dienet der besten gunst.
dar an sich manger verschriet,
der einen holtzweck geriet:
1035 der dunket in der beste.
dar nach so vindet er ronen und este,
die von den boumen sint gereret:
welch tumber da niht wider keret,

1013 werden] wesen *K*.   1021 geseit] geleit *HK*.

daz sprich ich wol in sinen hulden,   *K 130vb*
1040 der muz vil unrede dulden.

wa den narrenwek geretet ein jungelink,

der gebe mir einen pfenninc.

   Welch herre die wisen vragen wolde,

wie er gut mit rehte gewinnen solde
1045 ane groze sunde und ane schande,   *H 129vb*

und die herren nach ir reht bekande,

so wurde im selikeit beschert;

die besten vraget, wie erz verzert,

daz ein iglich werde jehe,
1050 daz frum und ere da von geschehe;

tet gut sin reht den leuten sam,

so wer im wirde und vreude zam

unde gonde man im sins lebens wol

lange und waz herren eren sol,
1055 ir lop in hohe wirde setzen,

wan er libes mit libe kan ergetzen,

und wirt sin ere mit warheit breit

und dinet die sele selikeit;

und lieze der richeit sich genugen,
1060 da mit wol tusent sich betrugen;

so wart ot nie kein man gewert

die wile, daz er mere gert.

1041 gereret *H.*   1047 im *(Hpt)*] ir *HK.*   1049 werder
K.   1049.1050 iehe : gesche *H.*   1054 eren] loben *K.*
1055 ir *(Hpt)*] in *HK.*   1062 mere] miete *K.*

der werlde vil strebet mit arbeit
nach rum und nach richeit.
1065 wer richeit gut fur den tot,
fur schande und immer wernde not,
wie harte ein man denne gut gewunne,
man jehe, er wer wol versunne.
sint richeit mangem daz leben kurtzet
1070 und sich so gahes umme sturtzet,
da von solt man wan tugende minnen
und nach dem himelriche sinnen.
ich bite got, daz er mich behute
vor schedelichem armute,
1075 und bit der richeit mich erlazen,
die wiset uf der helle strazen,
daz si mich icht in die tiefe senke,
die mir sele und ere krenke.
ich bit der richeit uf der erde,   *K 131ra*
1080 da mit ich got zu dienste werde
und mines libes notturft si:
daz machet sunden und sorgen vri.
wer leut und richeit behalten wil,
der muz sin manges mannes zil,
1085 daz er des niht behuten kan,   *H 130ra*
er muze vil boser nachrede han.
dirre triffet, der vermisset,

1066 vor immer wernder *HK (verb. v. Hpt).*
1068 versvnnē *K.* 1077.1078 senken : krenken *HK*
(verb. v. Hpt). 1086 er mvze *H.*

da von er dicke schaden gewisset.

er muz erkennen haben und mazen,

1090 wenne geben und wenne lazen,

wenne oder wie oder welcher hande,

da man niht torheit bi erkande,

er bedarf wisheit und tugende wol,

der sele und ere behalten sol.

1095 welch herre daz niht wil besorgen,

der sol mir eine mark borgen.

Ich erkenne drier hande kint,

die verderben und verdorben sint.

einez, daz man zu wol hat

1100 und im gar sinen willen lat.

von liebe mangem daz geschiht.

die fruntschaft ist gar enwiht,

da von ein edel kint verdirbet

und gar an den eren stirbet.

1105 ein vintschaft im da bezzer were,

da im der besem tugent bere.

die liebe bringet kunftik leit,

durch die man im unzuht vertreit.

es kumt im dicke niht zu wol,

1110 wen ez der vremde zihen sol.

welchez also wechset an sine kraft,

antwer ez wirt tobehaft,

1090 und] oder *K*, über vnd *steht in kleiner, fast un-
leserl. Schrift* od⸍ *H*.   1112 eintweder *K*.

des gutes ein vertuer
oder manger frumkeit wandelber:
1115 so mak es gehelfen noch geraten,
als ie die wisen taten.
sin gemach von kinde ie was so stete:
so enkond er, ob erz gerne tete,
wie man ere und gut solde erwerben   *K 131rb*
1120 und an den wirden niht verderben.
er wirt gegen sinen vinden laz
und treit wan sinen vreunden haz,
der im retet unde in leret.
welch jungelinc sin bosheit meret,
1125 der glichet dem verzarten kinde: *H 130rb*
dem ist dienst und arbeit swinde.
wer ist ze aller not enwiht,
wa man den selben tumben siht,
zwar, der selbe jungelinc
1130 der geb mir einen pfenninc.
Von dem andern kinde ich sage,
daz man verzadelt sine tage
und im den hunger selten buzet.
so daz von not ein unzuht grůzet,
1135 so spricht man im vil dicke zu,

1117 was ie *K.*   1118 er *fehlt HK (erg. v. Hpt).*
1123 *in nachträglich mit kleiner Schrift eingefügt H.*
1133.1134 bvzet : grvzet *K.*   1135 sprich *K.*

daz ez unedelichen tu.

wem also swindet sin zit,

so man dem ezzen und trinken git,

so suchet ez die winkel da mite

1140 und hat vil ungebere site.

ez wirt ouch gar unteilsam;

der zadel benimt im die scham;

ez gebart mit munde und mit ougen

offenbar unde tougen,

1145 sam ez ein gegent wol verzert:

sulch girde dem hunger ist beschert.

ez ist vil dicke ane tugent,

da von so honet ez mange jugent.

ez muz sin gar von guter art,

1150 ob ez vor unzuht sich bewart,

so ez ermklich erzogen wirt,

ob ez iemen furbaz vreude birt,

ob ez kumt an gewalt und gut,

ob ez niht stete ist ungemut.

1155 der daz rehte merken wil,

ein kleine gabe dunket ez ze vil,

wan ez ist anders niht gewent,

wan daz ez sich dicke nach gabe sent.

ez hat kumbers vil erliten   *K 131va*

1160 und mit der armut gestriten.

1150 von *H (verb. v. Hpt).* 1158 wan *fehlt HK (erg.
v. Hpt);* daz] da *H.*

gewonheit ist bose unde gut:
die bezzer kunst unde wirde tut,
die boser schande und unere.
er weiz ouch niht der widerkere.
1165 gewonheit ist die ander natur.   *H 130va*
der veredelt, der ist ein gebur.
ouch kumt er wider an hohen namen,
ist er wise und kan sich bosheit schamen.
wer in not nach eren ringet
1170 und sich uf rehte fure twinget
und vlizet sich der besten tugent,
daz frumet sin armut in der jugent.
er wirt verstendick und gedultik;
wes zihet man in? wes ist er schuldik?
1175 er kan bose und gut verstan,
waz er sol tun und lan.
wer von kinde nach eren strebet
und schone nach siner maze lebet,
kan er die sele dar zu besorgen,
1180 so wil ich im den pfenninch borgen,
unde teile mir mit sine kleider.
die gibet der bose mir niht leider.

————
1165.1166 natᵉvr : gebᵉvr *H*, natvre : gebvre *K*.
1171 vlizzet *H*, vlizit *K*.   1177 kinden *K*.

Von dem dritten tun ich kunt,
daz man vil sleht ze aller stunt,
1185 so ez sin niht verdinet hat,
und so ez ein unzuht begat,
des let man ez gar genozzen.
welch maitzoge ist so bedrozzen,
daz er sin selbes zorn richet
1190 und sich mit scheltworten versprichet,
der hat sin zuht da mit verlorn
und wer vil bezzer verborn.
daz kint gehoret zu dem rise
und zuhtiger rede, di doch wise.
1195 daz furcht ez sere und lemt ez niht.
unmezige zuht ist gar einwiht,
e daz kint erkenne nein und ja,
ubel und gut, hie und da:
wan daz ist mir wol bekant,   K 131vb
1200 wil er ez bluwen, umb die want
bi dem har werfen und stozen,
so mack man si beide wol genozen
vil gar in tumber schar,
daz muz bi namen wesen war,
1205 daz kint und den maytzogen.   H 130vb
also mang edel kint ist betrogen.
ez verzaget und verdort da van.

1194 zvhtige *HK*.   1196 ein wiht *H*, enwiht *K*.
1206 also mange e sint b. *HK (verb. nach Wa)*.

ezn weiz, waz ez tun oder sol lan,
ob ez sol snel sin oder sein:
1210 sust verirret er ez als ein wahtelbein.
wer tumbez wip und mulich kint
wil haben, als si gesitet sint,
der sol niht lazen underwegen,
er triute si so nach den slegen
1215 ze hant mit vlehen und mit mìten,
so si billich vorchte zu im hieten.
ez schadet im sere an dem mùte
und frumt im selten an dem gùte,
er muz vil mangen zorn doln,
1220 so si sin hulde sullen holn.
wer sunet, so ez were zornes wert,
und sleht, so man genaden gert,
der hat niht guter tugende kunde,
wan er ubet schande und sunde.
1225 dem kinde wil ich den pfennink borgen;
sin zuhtmeister sol mir besorgen
vier und zweinzik pfenninge
oder zwen schillinge.
    Keinem knehte ist daz erloubet,
1230 wo man ritet, daz er die ritter stoubet.
get der wint her und hin,

1208 ezn *(Hpt)*] ez *H.*   1215.1216 mieten : heten *K.*
1216 zv zim *K.*   1218 selten] sere *K.*   1220 svlde
svllen *H*, schvlde schvllen *K (verb. v. Hpt)*.

er brichet zuht und sin,

ob er niht anderthalben keret

und sich selben und den herren eret

1235 und in niht blendet mit den molten.

da wirt manger umbe bescholten

und angeschriet als die arn,

so man die gense wil bewarn.

und einez, des ich niht nennen wil,   *K 132ra*

1240 ob er des pflegen wil ze vil

uf die herren und an sine gesellen,

und ob si in einem furte trenken wellen,

daz ist geselliklicher site.

ungerne er da lenger bite,

1245 untz die pfert bi im getrunken: *H 131ra*

ja herre, wen sol daz gut dunken?

er irret ouch vil mit bosem singen

und wil ouch uf den strazen dringen

und stozet mangen an die knie,

1250 des pfert e schon und eben gie;

daz strauchet danne uber die wagenleise:

daz ist von mangem kneht ein vreise.

er lebet niht nach der wisen kůr,

er let in dem wege nĭmen fůr

1255 und tritet den vordern in die isen:

wer sol die site an im prisen?

1235 den] der *K.*   1249 stozen *K.*   1251 uber *(Hpt)*]
aber *HK.*   1255 trettet die *HK (verb. v. Hpt).*

wenne er sanfte sol rîten, so ist im gach.
man sicht im underwilen nach
durch sine groze torpheit.
1260 man klagt niht vil, geschiht im leit.
wer niht zuht noch fuge kan,
der heizet ein ungewizzen man,
so daz der selbe jungelinck
mir gebe einen pfenninck.

ANMERKUNGEN

Abgekürzte Literaturangaben:

DWb   Grimm, Jacob und Wilhelm: Deutsches Wör-
terbuch, 16 Bde., Leipzig 1854-1960.

Haupt   Haupts Anmerkungen zum 'Jüngling', ZfdA 8
(1851) 550-587.

Lex   Lexer, Matthias: Mittelhochdeutsches
Handwörterbuch, 3 Bde., Stuttgart 1872-
1878.

Mhd. Gramm.   Paul, Hermann: Mhd. Grammatik. 21. Aufl.
besorgt von Hugo Moser und Ingeborg
Schröbler, Tübingen 1975.

Schmeller   Schmeller, Johann Andreas: Bayerisches
Wörterbuch. 2. Aufl. bearb. von Georg
Karl Frommann, München 1872-1877.

Schröder   Schröders Besserungsvorschläge (s. Lite-
raturverz.).

Wallner   Wallners Besserungsvorschläge (s. Lite-
raturverz.).

4   *laz*: Haupt bringt als Lesart *baz* (in beiden Hss.
steht *laz*).

9   'Da wird lammwollenes Tuch wertvollem Pelz gleich-
gesetzt'; vgl. Haupt, ZfdA 15 (1882) 256, Nr. 28.

10 *veredeln*: 'entarten, aus edler Art schlagen', s.
Lex 3, 102; auch V. 1166.

17 Haupt setzt *selbn*. - *wandel*: hier 'Fehler', s. Lex
3, 670. Vgl. dagegen V. 28 u. 59.

19 Wird *min* durch *selbes* verstärkt, kann es zu *mines*
werden; vgl. auch V. 778: *sines selbes*. Dazu Mhd.
Gramm., S. 167, § 146, Anm. 3.

22 *wa man mit spotte ir herren lachet?*

24 *wind*: 'Windhund', der bekanntlich schweigend jagt;
s. DWb 14.2, 266f.

25 *lehen*: Hier wohl 'das Recht den Pfennig zu verlan-
gen'.

27ff 'Wenn jeder edle Knecht, der ein Unrecht begeht
- was er doch von Rechts wegen unterlassen sollte -
mir Zins geben würde, dann bräuchte ich kein Pfand
zu versetzen (d. h. ich bräuchte nichts zu borgen),
und wenn nirgends ein Jüngling wäre, der mir nicht

einen Pfennig geben müßte, wenn er Unrecht täte,
wie reich wäre ich dann'.

32 Das Motiv der Pfennigbuße klingt auch im
'Seifried Helbling' an:

    swer daz niht vermîde,
    sîn ebenkristen nîde,
    der geb mir niur ein bône.
    (II, 281ff)
    ob iu der fürste wol geborn
    ie von der lüg ein weizkorn
    schüef in disem lande.
    (II, 315ff)

39 *der:* hier 'wenn einer'. - *melden:* hier 'rügen',
in V. 43 'sich bemerkbar machen', s. DWb 6, 1991ff.

40-43 'Ich hoffe, daß derjenige, der das auf sich be-
zieht und spricht wessen Erzieher ich sei, mir
Zins gibt und sich wie die Wachtel bemerkbar
macht'. Gemeint ist: 'Wer sich betroffen fühlt,
verrät sich durch Entrüstung über meine Worte'.

48 *der:* hier 'wenn einer'.

49 Derselbe Gedanke auch in V. 250. - Haupt setzt
waz ziehet ir iuch selben niht, ohne eine Lesart
anzugeben (in beiden Hss. *wez*).

51 Schröder und Wallner erwägen *danc und genade.*

55ff Der Jüngling sollte gerade, aber auch nicht zu
steif stehen; vgl. V. 120ff. Die unordentliche
Haltung wird in V. 562 erneut kritisiert.

57 Wallners Besserungsvorschlag: *mit müedem rücke.*

58f 'Wäre er (krumm wie er da steht) ein Brett auf
einer Brücke, würde man ihn gegen ein gerades aus-
tauschen' (nach Haupt).

60 Haupt erwägt: *er wæne ieman als übele handel.* -
ieman: Im abhängigen Satz kann *ieman* (wie hier)
für *nieman* stehen.

63 Auch andere Tischzuchten schreiben das Händewa-
schen vor:

    merket, als ir ze tische gât,
    die hend nit ungetwagen lât.
    ('Rossauer Tischzucht', ed. Moriz Haupt, ZfdA 7
    (1849) 174, V. 11f)

64 Haupt verweist auf Walther von der Vogelweide 100,
24ff:

> *Frô Welt, ir sult dem wirte sagen*
> *daz ich im gar vergolten habe:*
> *mîn grôziu gülte ist abe geslagen;*
> *daz er mich von dem brieve schabe.*

67 Zahlreiche Belege für diese Redensart bei Ignaz
Zingerle, Die dt. Sprichwörter im Mittelalter,
Wien 1864, S. 7f. - Haupt hat *das* statt *des*,
ohne eine Lesart anzuführen (in beiden Hss. *des*).

69 Haupt ergänzt *dan*, das in dem vorhergehenden *baz*
eine Stütze findet. Wallner schlägt als Ergänzung
dar vor und verweist auf 'Seifried Helbling' I,
502f:

> *sîn hâr er schône wachsen lie*
> *dar in rehter lenge.*

71 *reit*: 'gelockt', s. Lex 2, 397. - *vlederin*: 'ge-
kräuselt', s. Lex 3, 391; abgeleitet von *vlader* =
'gemasertes Holz', dazu Lex 3, 384f.

78 *swebehoube*: Fehlt bei Moriz Heyne, Körperpflege
und Kleidung bei den Deutschen ..., Leipzig 1903.
Im 'Seifried Helbling' wird offensichtlich diesel-
be Kopfbedeckung beschrieben:

> *gestricket hûben mit snüeren*
> *sih ich sumelîche tragen.*
> *der gestalt muoz ich sagen;*
> *sie habent schopfes vil dâ vor.*
> (I, 272ff)
> *sîn hûb was nicht sô enge,*
> *sie daht im sîner ôren tür.*
> (I, 504f)

79 *wirvellock*: 'Locke am Haarwirbel', s. Lex 3, 925.

80 Haupt verbessert *schopf* zu *schock* und verweist auf
tschogg = 'Federbusch eines Vogels oder Huhnes,
das Haar oben auf dem Kopf eines Menschen', bei
Franz Joseph Stalder, Versuch eines schweizer.
Idiotikon, Bd. 1, Basel 1806, S. 320. Auch Wallner
schließt sich dieser Besserung an.

81 *knuz*: 'keck', s. Lex 1, 1657f; auch V. 243.

82 *uzstrauben*: 'emporstehen' (vom Haar), s. Lex 2,
2032 und DWb 10.3, 944.

86 *als der?*

91ff Die Kleidung sollte ordentlich und sauber sein;
vgl. V. 680ff.

93 *brisvadem:* 'Schnur mit der das Gewand zugeschnürt wird', s. Lex 1, 355.

95 *busem:* 'Teil des Kleides der die Brust bedeckt', s. Lex 1, 388f. - *blecken:* 'sichtbar werden', s. Lex 1, 301.

100 *ot:* 'eben, doch' (als Verstärkung), kontrahiert aus ahd. *ekorôdo*, vgl. E. G. Graff, Ahd. Sprachschatz, Bd. 1, Berlin 1834, Sp. 134f und Lex 1, 515 unter *eht;* auch V. 155, 636, 981, 1061.

101 *vorpflegen:* *vor-* ist md. Form von *ver-*.

104 *der:* hier 'wenn einer'.

111 *site:* bis Anfang des 17. Jh.s Maskulinum, wird zunächst stark flektiert; bereits im Mhd. erscheint (wie hier) die schwache Form, die dann im Frnhd. häufig belegt ist; vgl. die Belege im DWb 10.1, 1238f. Haupt setzt *site.*

116 *villan:* 'Bauer', s. Lex 3, 349.

120ff Wallner übersetzt 'Wer so steif wie ein Stock ist, der steht nur im Wege' und verweist auf Johannes Pauli, 'Schimpf und Ernst', ed. Hermann Österley, Stuttgart 1866, Nr. 69, S. 57f: *vnd stat ie eines dem andern für das liecht, vnd hindern einander an ewiger selikeit.* Haupts Übersetzung 'Wer so steif und ungelenk wie ein Stock da steht, der ist höchstens zu einem Lichtschirm tauglich' und Schröders Vorschlag *für ein lieht* ('an Stelle einer Kerze') treffen den Sachverhalt nicht.

125 *han* fehlt bei Haupt im Text und als Lesart im Apparat.

127 *ane dank:* 'unerwünscht'; s. Schmeller 1, 522.

129 Das *dringen* bei der Begrüßung von Gästen und hochgestellten Persönlichkeiten war höfische Sitte. Vgl. Walther 20, 7: *ich hân gedrungen unz ich niht mê dringen mac.* Dazu den Kommentar in der Ausgabe von Wilhelm Wilmanns, Heidelberg 41924 und Rudolf Hildebrand, Germania 10 (1865) 143-145. Konrad verwendet das Wort mehrmals: z. B. V. 137, 141, 154, 193, 466.

142 *gumpelleute:* 'Possenreißer', s. Lex 1, 1118.

143-146 Vgl. 'Seifried Helbling' IV, 592ff:
   swaz heimlîch wirt an getragen,
   daz kumt zu hove dicke für.
   rûnet einer bî der tür
   sîm gesellen in daz ôr,
   der ist dâ von wol ein tôr:
   vil ir umb in dringent,
   die iz hin für bringent.

145 Haupt hat *dô* (in beiden Hss. steht *so*), ohne eine Lesart anzugeben.

146 *hindermer:* 'verleumderische Erzählung', s. Lex 1, 1295.

149 *leckers amt:* 'Tätigkeit des Possenreißers, der sich unterwürfig und schmeichlerisch verhält', s. DWb 6, 482.

155 Haupt verweist auf Hartmann: *'got alsô guot, ich bin hie'* (Hartmann von Aue, 'Erstes Büchlein', V. 807).

160 Haupt erwägt, *nimmer* zu streichen.

163f Vgl. Freidanks 'Bescheidenheit' 83, 25f:
   daz ist ouch der esele pflege,
   sî entwîchent nieman ûz dem wege.

165 Im 'Seifried Helbling' II, 386 kommt ein ähnlicher Vergleich vor: *der sinn ein gans, der zuht ein kuo;* s. auch Seemüllers Anm. zu dieser Stelle.

169 *uf hoher stan:* 'zurücktreten', s. Lex 2, 1703.

170 *einen ansehen:* nach Lex 1, 62 'mit jdm. Nachsicht haben'; hier 'jdm. seinen Respekt erweisen'.

179 *tüteln:* 'schmeicheln', s. Lex 2, 1591.

184 *kunterfeit:* 'vermischtes, unreines Gold', s. Lex 1, 1783.

191 Haupt verweist auf Winsbecke 26, 1f:
   Sun, swer ze blicke vuoge entnimt,
   daz decket doch die lenge niht.

199 *in = dienst* (V. 195), *im = dem herren* (V. 197).

205 *ungefuret:* (nach Haupt) = *ungefuort* = 'nicht ausgestattet mit', s. Lex 2, 1883; Wallner schlägt *ungevieret* = 'unbeständig' vor, s. Lex 2, 1880.

208 *wurde = würde;* Haupt setzt *würd* und erwägt *ir lop.*

227 s. *edeln:* 'eine edle Art annehmen', s. Lex 1, 508f; vielleicht ist hier (wie in V. 10 u. 1166)

veredeln zu lesen. Nach Haupt könnte diese Stelle
auch ironisch gemeint sein. - *musar:* eine Falken-
art, s. Lex 1, 2256 und Hugo Suolahti, Die deut-
schen Vogelnamen, Straßburg 1909, S. 352f. Der
in V. 227-229 geschilderte Sachverhalt kommt in
der Natur nicht vor; zwar stellen sich manche
Greifvögel in mäusearmen Jahren auf Vögel um, es
gibt jedoch keine "Regel", daß irgend ein heimi-
scher Greif im ersten Jahre Vögel fängt, und da-
nach zunehmend zum Mäusefang übergeht. Es handelt
sich vermutlich um eine Verwechslung: Vielleicht
wurden der Jungvogel einer Art, die Vögel schlägt
und ein Altvogel einer mäusefressenden Art, als
e i n e Art angesehen.

232 *muze:* 'Mauser', s. Lex 1, 2261; hier 'Übergang
vom Jünglingsalter ins Erwachsenenstadium'. Der
Übertritt ins Mannesalter soll bei einem pflicht-
bewußten Jüngling so erfolgen, wie dies bei einem
Wanderfalken vor sich geht.

237 *heimzogen:* 'daheim erzogen', s. Lex 1, 1222. -
Vgl. zu diesem Vers Sebastian Franck, Erste na-
menlose Sprichwörtersammlung vom Jahre 1532 (ed.
Friedrich Latendorf, Pößneck 1876, S. 71), Nr.
217: *Ein heymzogen kindt, ist bei den leuttenn
wie ein rindt.*

238 *lulecke:* Haupt und Wallner vermuten *lulch* = 'tau-
ber Hafer'; vgl. DWb 6, 1287 sowie Heinrich
Marzell und Ernst Wissmann, Wörterbuch der dt.
Pflanzennamen, Bd. 2, Leipzig 1951, Sp. 1361ff
unter *Lolium temulentum.* Schon im Mittelalter
war bekannt, daß der Verzehr des Samens Schwin-
delanfälle hervorruft: *wer des krautes* [= *lolium*]
sâmen izt, den macht es trunken und unsinnich
(Konrad von Megenberg, 'Buch der Natur', ed.
Franz Pfeiffer, Stuttgart 1861, S. 426, Z. 29f);
darauf spielt wohl auch Konrad von Haslau an,
wenn er den Jüngling mit einem vergleicht, der
Lulecken gegessen hat.

241 *zisgemel:* Es handelt sich hier wahrscheinlich um
das *Ziesel,* ein in Erdhöhlen lebendes Nagetier,
das heute noch im südlichen Österreich vorkommt;
s. Schmeller 2, 1157.

243 *knuz:* s. zu 81.

244 'Draußen (bei anderen Leuten) hat er den Mut
eines Hasen' (nach Haupt).

247 Vgl. hierzu Megenberg (s. zu 238), S. 227,
Z. 13ff: *Pei der fledermaus verstên ich die val-*
schen nâchreder, die den läuten in der vinster,
daz ist haimlaichen, ir êr abpeizent und verder-
bent in daz antlütz irs guoten leumunds und irs
löbleichen namens; vgl. auch Richard Riegler,
Das Tier im Spiegel der Sprache, Dresden und
Leipzig 1907, S. 11ff und Dietrich Schmidtke,
Geistliche Tierinterpretation ..., Teil 1,
Berlin 1968, S. 292.

253 *erbagen:* 'sich rühmen, prahlen'; die bei Lex 1,
606 angegebene Bedeutung 'erstreiten, durch
Kampf niedermachen' ist falsch. Lexer ist wohl
vom Wortlaut der Hs. *(allez erslahen und erpagen)*
ausgegangen. Schon Haupt hat den Zusatz *erslahen*
und, der hier keinen Sinn ergibt, eingeklammert.
Zu *bagen* 'sich rühmen' s. Lex 1, 112f sowie
Germania 1 (1856) 227 und Germania 6 (1861) 151;
in dieser Bedeutung vor allem im Nd. verbreitet,
s. Karl Schiller und August Lübben, Mnd. Wörter-
buch, Bd. 1, Bremen 1875, S. 140bf und Bd. 6,
1881, S. 27b, vgl. auch *bageren* = 'prahlen' ebda
Bd. 6, S. 27bf und das Subst. *bâg* = 'Rühmen,
Brüsten' bei Edward H. Sehrt, Vollständiges Wör-
terbuch zum Heliand und zur altsächsischen Gene-
sis, Göttingen [2]1966, S. 37a.

255 *putschisen:* Wallner schlägt *purischen (= biuri-*
schen) vor; Schröder erwägt *putschieren,* aller-
dings ohne Erklärung. Schröders Vorschlag ist
wohl am ehesten denkbar: vgl. afrz. *put* =
'schmutzig, schlecht' (< lat. *putidus)* und die
seit dem 15. Jh. gebräuchliche Ableitung
putasser = 'huren' bei Ernst Gamillscheg, Etymo-
logisches Wörterbuch der frz. Sprache, Heidel-
berg [2]1969, S. 734 (unter *putain)* sowie afrz.
putisme = 'gemein, ehrlos' bei Adolf Tobler und
Erhard Lommatzsch, Afrz. Wörterbuch, Bd. 7,
Wiesbaden 1966, Sp. 2114; *putschieren* würde dem-
nach 'sich unverschämt verhalten' bedeuten.

256 *geuwisch:* 'bäurisch', s. Lex 1, 1063.

257 *elbiz:* 'Schwan', s. Lex 1, 538 und Suolahti (s. zu 227), S. 406ff.

258 *gouch:* 'Kuckuck', s. Lex 1, 1057f und Suolathi, S. 4ff.

259 *wergel:* 'Grünfink' (zu *würgen*), s. DWb 14.2, 1460 und Suolahti (s. zu 227), S. 150. - *grezel:* 'Flachsfink', s. Daniel Sanders, Wörterbuch der dt. Sprache, Bd. 1, Leipzig 1876, S. 618b und Suolahti, S. 123.

261 *orhun:* Vgl. *orehan* V. 601.

262 *swelches knappe:* 'Knecht der Sauferei', s. Lex 2, 1356; vgl. V. 752.

263 *fulch:* (nach Wallner) = *fulke* = 'Bläßhuhn', letztere Form bei Megenberg (s. zu 238), S. 189, Z. 2. - *unvogel:* eigentlich 'seltsamer Vogel'; vom 13-15. Jh. Bezeichnung für 'Pelikan', s. DWb 11.3, 2137 und Suolahti (s. zu 227), S. 389f.

264 *gogel:* 'ausgelassen, sorglos', s. Lex 1, 1043f.

270 *ridewanzen:* eine Art Tanz (zu *riden* = 'zittern, beben'), s. Lex 2, 423. - Es war unschicklich, sich bei Tische zu kratzen oder in den Zähnen zu stochern: *Ir sült die kel ouch jucken niht* (Tannhäusers 'Hofzucht', ed. Johannes Siebert, ZfdA 6 (1848) 491, V. 109); *si liezen zenstüren sîn* (Wolframs 'Parzival' 184, 9).

271 *grinunde:* Zu *-unde* (< ahd. *ônti*) vgl. Schirokauer, Beitr. 47 (1923) 86; Part. Präs. auf *-unde* auch in *kragelunde* (V. 906) und *schedelunde* (V. 913).

272 *understan:* 'verhindern, verbieten', s. Lex 2, 1804.

273 *furrieren:* 'unterfüttern, überziehen', s. Lex 3, 606.

274 *fur* = *fuore*, hier 'Art und Weise', s. Lex 3, 573.

290ff Vgl. hierzu meine Abhandlung über das Würfelspiel, die in Kürze erscheint.

291 Haupt verweist auf Neidhart 44, 35 (= Winterlied 6.VI, V. 7ff):
    Ekkerîch,
    swaz er dran gewinne,
    daz er nâch meier Guoten tochter sinne,
    an sînen stein daz strîch.
    Vgl. dazu G. Eis, GRM 35 (1954) 242f.

292 *ochsenbein:* 'Würfel', der hier aus Tierknochen
    hergestellt ist, s. Lex 2, 149; vgl. V. 436.
295 *bekennen:* hier 'erkennen, (wissen?)'; s. Lex 1,
    163f. - *topeler:* 'Würfelspieler', s. Lex 2, 1462.
318 Haupt setzt *selben.*
322 *geuden:* 'prahlen', s. Lex 1, 1025.
323ff Vgl. Freidank 48, 13f:
      Von spile hebt sich manege zît
      fluoch, zorn, schelten, sweren, strît.
    Auch im 'Renner' Hugos von Trimberg V. 11278ff
    ist dieser Vers angeführt:
      Dâ von sprach her Frîdanc:
      "Von spil hebet sich alle zît
      Fluochen, schelten, swern, zorn, steln, strît".
    In Anlehnung an Freidank setzt Haupt in V. 324
    schelten statt *swern,* um so die Wiederholung im
    nächsten Vers zu vermeiden. Eine Änderung ist
    hier nicht notwendig; Wortwiederholungen sind im
    Mdh. durchaus üblich.
327 'Säumen und Drang nach ständiger Abwechslung',
    vgl. Haupt, ZfdA 15 (1882) 255f; zu *iteneuwe* s.
    Lex 1, 1462. Wallner schlägt *sûmen, unstæte*
    iteniuwe vor und übersetzt: 'Was Spiel anerzieht,
    ist Schlendrian, unstetes Wesen, Sucht nach Ab-
    wechslung'.
341 *schanden hort:* vgl. *schanthort* bei Lex 2, 657.
343 *sich selben ezzen:* 'zornig werden', s. DWb 3,
    1165.
354 Haupt ändert *mich sin* zu *michs.*
361 Haupt setzt *dem.*
364 *gutswender:* 'die einem das Geld aus der Tasche
    ziehen', s. Lex 1, 1123 und DWb 4.1.6, 1484.
    Wallner will dafür aus der Hs. L *giler* ('zudring-
    licher Bettler, Schmarotzer') übernehmen.
365ff Der Würfelleiher stellte gegen Entgelt Würfel
    zur Verfügung; er war auch dafür verantwortlich,
    daß diese nicht gefälscht waren. Zähler und
    Pfandner erhielten einen Teil des Spielgewinns.
    Der Zähler kontrollierte Verlust und Gewinn der
    Spieler, der Pfandner nahm nach jedem Spiel den
    Gewinn an sich und zahlte am Ende den Gesamtge-
    winner aus. Oft verlieh der Wirt selbst die Wür-
    fel; auch als Pfandner nahm er am Spiel teil.

Vgl. die Predigten Bertholds von Regensburg (ed.
Franz Pfeiffer / Kurt Ruh, Bd. 1, Berlin 1965,
S. 216, Z. 39ff: *Ir taberner, ir nemet ouch den*
nutz der sünden. Ob ir selbe niemer getopelt oder
gespilt, sô nemet ir von den würfeln unde von dem
liehte und von dem brete, von dem pfandrechte ...

371f 'So groß auch sein Gewinn sein mag, die vier
(*gutswender*) ziehen ihn ins Verderben'; vgl.
einen hin ziehen bei Lex 3, 1104.

381 Haupt setzt *selben.*

384ff 'Er kann sie mit Worten nicht dazu zwingen, auch
wenn er sie schilt und von sich wirft, daß sie ihm
gewogen sind'. - *der* (V. 386) = 'wenn er'.

386 *boln:* 'werfen, schleudern', s. Lex 1, 324.

387.388 Nach Gustav Rosenhagen, Kleinere mhd. Erzäh-
lungen, Teil III, Berlin 1909, S. XXIII, hat der
Schreiber im Reim regelmäßig *gesehen : geschen.*
Es ist daher angebracht, diese Schreiberwillkür
auszugleichen. Vgl. auch 855:856, 961:962 und
1049:1050.

388ff Haupt verweist hier auf Hugo von Trimberg, 'Ren-
ner', V. 11413f und V. 11438, wo der kegelnde
Bauer die Kugel *frouwe* nennt. Es finden sich aber
in der mittelalterlichen Literatur zahlreiche Be-
lege, in denen der Würfel personifiziert wird:
wan der würfel ist der spiler got, dem dienent
sy ... (Meister Ingold, 'Das Goldene Spiel', ed.
Edward Schröder, Straßburg 1882, S. 54, Z. 27ff);
[sie] *rûffen gleich den heyligen würffel an / daß*
er glücklich fall / daß im ein schantz gerate
(Francesco Petrarca, Von Hülff vnd Rath, Frankfurt
a.M. 1551, Bl. 25r). Im 'Renner' V. 11319 wird der
Würfel *beinîn driveltikeit* genannt; in den Reim-
paarsprüchen des Hans Folz (ed. Hanns Fischer,
München 1961) S. 253, V. 164ff und bei Johannes
Pauli, Des hochwirdigen doctor Keiserspergs
narenschiff, Straßburg 1520, Bl. 159va wird der
Würfel mit dem Hl. Sakrament verglichen, vor dem
man niederkniet.

396ff Der Würfel wird geschlagen, daß er Arme und
Beine von sich streckt. Der Schlag ist so heftig,
daß der Würfel in der Hand steckenbleibt (V. 398).

401 'Er kann sich nicht beruhigen'.

407 Haupt setzt *under füeze* mit Verweis auf Hartmann, 'Der Arme Heinrich', V. 88 u. 702; dort entscheidet er sich für *under füeze,* obwohl die Hss. A u. B *under die f.* haben und beruft sich dabei auf 'Iwein' V. 1578; allerdings weisen auch dort einige Hss. *under die f.* auf. Vgl. *unter die Füße treten* im DWb 11.1.2, 185f.

407.408 Vgl. 517.518 fũ̌ze : grũ̌ze.

409 *sint:* 'es gibt'; vgl. V. 689.

410 Haupt verweist auf 'Seifried Helbling' III, 34f:
    sie streich mir rücke, bein und arm
    als eim wetloufære .

413 Der Spieler läßt den Würfel wie einen hakenschlagenden Hasen springen.

414 *ofen:* bezeichnet hier die Feueröffnung; diese war gelegentlich so groß, daß man sich darin verstecken konnte; vgl. Wernher der Gartenære , 'Helmbrecht', V. 1616f:
    der in den oven niht entran,
    der slouf under die banc.
Daher auch die sprichwörtliche Redensart *keinen Hund aus dem Ofen locken können,* s. DWb 7, 1157f und Lutz Röhrich, Lexikon der sprichwörtlichen Redensarten, Bd. 1, Freiburg i. Br. [3]1974, S. 446bf. - *ase:* 'Holzgestell an der Wand', s. Lex 1, 101 und Hermann Teuchert, Die Sprachreste der niederländischen Siedlungen des 12. Jh.s, Neumünster 1944, S. 252f.

415 *wart = warte =* 'Spielwarte die die Würfel zusammensuchen müssen' (nach Wallner). Haupt verbessert zu *vart.*

423 *wera wer:* 'wehre ihm'.

424 *kluben:* 'klauben, auflesen', s. *klûben* bei Lex 1, 1634f; Haupt setzt *kliubet,* Wallner schlägt *kloubet* vor.

433 Wallners Besserungsvorschlag: *der* statt *und.*

434 Auch im 2. Buch des 'Simplicissimus' (Kap. 20) werden die Würfel beim Spiel wütend weggeworfen, zerschlagen oder mit den Zähnen zerbissen.

435 *müschen:* 'zerschlagen, quetschen', s. Lex 1, 2257.

439 *wer:* hier 'wenn einer'. - *eigen:* Der Sinn erfordert *eigener =* 'Besitzer', das allerdings für diese Zeit nicht belegt ist; s. Dt. Rechtswörter-

buch, Bd. 2, Weimar 1932/35, Sp. 1354.

444 Haupt setzt *getwingen;* ich lese mit L *betwingen;* vgl. V. 384.

448 *er^1* = der Würfel, *er^2* = der Spieler.

449 *erverten:* 'durch Fahrt erreichen', s. Lex 1, 689f.

449.450 Haupt erwägt *erværet : bewæret*.

453 *leithus:* 'Wirtshaus', s. Lex 1, 1940.

463-466 Zu diesem Vierzeiler vgl. Euling (s. Literaturverz.) S. 299.

475ff Warnung vor Trunkenheit ist ein beliebtes Thema der mhd. Didaktik. Vgl. die Belege bei Gustav Roethe, Die Gedichte Reinmars von Zweter, Leipzig 1887, S. 599, Anm. 111.

478 Haupt hat *daz man dicke*, ohne die Auslassung zu vermerken.

485 'Ob er einen finde, mit dem er seinen Spott treiben könne' (nach Haupt).

490 *hertrinken:* 'jdm. zutrinken', s. DWb 4.2, 1000 und 4.2,1169; hier als Aufforderung zum Zutrinken mit Trinksprüchen (nach Wallner). Schröders Vorschlag: *bringt her*.

496 *wora woch:* 'drauf los!'; er trinkt ohne Maß.

502ff 'Der zehnte trinkt mit Geiz und Neid und würde niemand so viel gönnen, daß sich ein Nachtfalter vor ihm (auf dem Tische) betrinken könnte' (nach Wallner).

505 *furstel = fiursteller* = 'Nachtfalter', s. Lex 3, 381 sowie Lorenz Diefenbach u. Ernst Wülcker, Hoch- und Niederdt. Wörterbuch, Basel 1885, Sp. 575; Megenberg (s. zu 238), S. 299, Z. 17, hat *fewerstel*.

509 *leitgebe:* 'Wirt', s. Lex 1, 1939. - *dicke viere:* Haupt erwägt 'Dickpfennige', vgl. DWb 2, 1079; Wallner meint, es sind vier Pfennige gemeint, im Gegensatz zu *einen pfenninc* in V. 508. Joseph Seemüller verweist in der Anm. zu 'Seifried Helbling' XIII, 118 auf diese Stelle im 'Jüngling' und vermutet, daß wie im 'Seifried Helbling' *phenwert* zu ergänzen sei, das mehrmals als Bezeichnung für ein bestimmtes Maß belegt ist. Wallners Vorschlag trifft hier wohl am ehesten zu. In freier Übersetzung bedeutet diese Stelle: 'Es kommt ihm nicht darauf an, dem Wirt öfter Geld

zu geben'; *dicke* ist hier Adv. Vier Pfennige war
ein typischer geringer Betrag; vgl. Jacob Grimm,
Dt. Rechtsalterthümer, Bd. 1, Leipzig [4]1899,
S. 291 u. 530 sowie die Belege im DWb 12.2, 259
Abs. c.

523ff Dazu Haupt: "Ironisch, oder er setzt sich auf
den Tisch, um so besser zur Verteidigung bereit
zu sein".

534   *tafeln:* 'auf dem Spielbrett spielen', s. Lex 2,
1410.

535   *s. locken:* 'sich unterhalten', hier 'wie ein Kind
spielen', s. Lex 1, 1950.

537   *barte:* 'Beil, Streitaxt', s. Lex 1, 131.

538   *krinnen:* 'schnitzen, schneiden', s. Lex 1, 1734
und Schmeller 1, 1372.

544   *strick = strich*, wohl wegen Reimzwang; vgl. zu
872.

545   *malet:* Beide Hss. haben *molet;* Rundung von â>o
auch in *blasehorn (blose horn HK)*, V. 913. Nach
Rosenhagen (s. zu 387), S. XXV, ist dies eine
Eigenart des Schreibers. Es ist daher angebracht,
diese Schreiberwillkür zu beseitigen: Vgl. *malet*
(so die Hss.) in V. 537! - *taterman:* 'Kobold',
s. Lex 2, 1409. Zu *taterman* verweist Haupt auf
Jacob Grimm, Dt. Mythologie, 4. Aufl., Berlin
1875-78, Bd. 1, S. 415f u. Bd. 3, S. 145; (Haupt
zitiert die 3. Aufl.).

546   *van:* Die md. Form mit a auch in V. 644 und 1207.

552ff 'Er sitzt schon, wenn sein Kamerad kommt, was
er von diesem nicht gern sehen würde, wenn er
(selbst) noch nicht am Tisch wäre'; *von* (V. 554)
= 'entfernt von', s. zu 657.

563   *snaben:* 'stoßen', s. Lex 2, 1022. Haupts Ände-
rung *(schaben* statt *snaben)* ist nicht notwendig.

564   Die schlechte Haltung beim Essen wird in Tisch-
zuchten öfter gerügt; vgl. die 'Rossauer Tisch-
zucht' (s. zu 63), V. 56: *sitzt ûf geriht und
niht gesmogen.*

568   Wallner schlägt *durch* (statt *doch*) vor.

570   'Mancher wandelt mit der Hand in der Schüssel
umher' (nach Haupt).

572f Vgl. Tannhäusers 'Hofzucht' (s. zu 270) V. 163f:
*Daz er dem gemazzen unrehte tuot
mit überezzen, daz zimt niht wol.*

579 *genozen:* 'vergleichen', s. Lex 1, 862; gemeint
ist: 'das kann ich vergleichen, als wenn ...'.
Vgl. V. 1187.

585 *erkennen:* hier 'kennen', s. Lex 1, 640f. - *itwiz:*
'Fehler, Laster', s. Lex 1, 1463.

587 Beim Trinken sollte man in den Becher sehen. Vgl.
Alwin Schultz, Das höfische Leben zur Zeit der
Minnesinger, Bd. 1, Leipzig ^{2}1889, S. 429.

592 Stilistisch wie in V. 257ff, 261 u. 263. -
breht: 'Schwätzer', s. Lex (Nachtr.) 3, 101. -
snip und snappe: hier als fingierter Name, s.
Lex 2, 1023; ebenfalls in Fastnachtspiele a. d.
15. Jh., ed. Adelbert von Keller, Bd. 1, Stutt-
gart 1853, S. 337, V. 20f:
       ... der dritt haist Droll,
       Der fiert Schnipp und der finft haist Schnapp.
Vgl. auch *snippensnap* bei Lex 2, 1037.

594 *verwarren:* Part. zu *verwerren*, s. Lex 3, 304.
Wallner schlägt *verwerren* vor.

595 Wallners Besserungsvorschlag: *unreht gebâren*.

597 Wallner übersetzt: "So benimmt sich einer wie
Menschenscheue, die immerzu seitab starren,
statt einem ins Gesicht zu sehen". Doch sind hier
wohl 'Leuteerschrecker' gemeint, die mit durch-
dringendem Blick jdn. fixieren und somit beunru-
higen. Vgl. *schiehen* bei Lex 2, 725 u. *schiuhen*
ebda 2, 760.

601 Haupt verbessert *er* zu *der*.

602 Wallners Besserungsvorschlag: *und der*.

603 *manschieren:* 'kauen, essen' (< frz. *manger*), s.
Lex 1, 2104. - Schmatzen und lautes Kauen wird in
den meisten Tischzuchten gerügt:
       Swer snûdet als ein wazzerdahs
       so er izzet, als etliher phliget,
       und smatzet als ein Beiersahs,
       wie gar der sich der zuht verwiget!
       (Tannhäusers 'Hofzucht' (s. zu 270) V. 60ff).
       swer snûdet als ein wazzerdahs
       und smackitzet als ein lahs,
       so ez izzet als etelîcher pfligt.
       wie gar sich der zuht verwigt.
       ('Rossauer Tischzucht' (s. zu 63) V. 43ff).

> *Wer schnaufet als ain dahs,*
> *Vnd trinckt, als es sey ains pachs,*
> *Vnd redet, so er essen sol,*
> *Die ding zymmen ye nit wol.*
> (Liederbuch der Clara Hätzlerin, ed. Carl
> Haltaus / Hanns Fischer, Berlin 1966, S. 277,
> V. 97ff).
> *Es ist auch ain rechte zucht,*
> *Das man nicht esz nach der flucht*
> *Ze baiden packen, das stätt wol.*
> (ebda. V. 52ff).

604 'Als ihn geluste, Posaune zu blasen' (nach
Wallner).

607f Haupt verweist auf 'Parzival' 64, 7f:
> *ûf rihte sich der degen wert,*
> *als ein vederspil, daz gert.*
Beispiele für *gern* von der Fangbereitschaft des
Falken bei Ernst Martin, Wolframs von Eschenbach
Parzival und Titurel, Teil 2, Kommentar, Halle
a.d.S. 1903, S. 72.

609f Haupt zitiert das Gedicht 'Von einem fahrenden
Schüler', in Altdeutsche Wälder, ed. Jacob u.
Wilhelm Grimm, Bd. 2, Frankfurt 1815, S. 57, V.
227f:
> *so izz ich als ein mader,*
> *so trink ich als ein bader.*
Dasselbe Verspaar auch bei Adelbert von Keller,
Erzählungen aus altdt. Hss., Stuttgart 1855,
S. 673, V. 19f:
> *Dan ich iße alz ein meyder* [!]
> *Vnd trinck als ein bader.*
Für den Bader als besonderen Trinker gibt es
zahlreiche Redensarten: Vgl. Karl Friedr. Wilh.
Wander, Dt. Sprichwörterlexikon, Bd. 1, Leipzig
1867, Sp. 220.

611 *ungenuht:* 'Ungenügsamkeit, Unmäßigkeit', s. Lex
2, 1856.

616 *meilen:* 'beflecken', s. Lex 1, 2077.

617ff 'Wer sich darüber entrüstet, daß sein Tisch-
genosse den gemeinsamen Becher leertrinkt, wäh-
rend er selbst der Unart frönt, sein Brot in
den Wein zu tunken, der muß die Buße entrichten'
(nach Wallner).

619 *reren:* trans. 'fallen lassen', s. Lex 2, 408;
auch V. 1037.

620 *meren:* 'Brotstücke in Wein oder Wasser eintau-
chen', s. Lex 1, 2115.

635 Ist wohl eine Anspielung auf folgenden Sachver-
halt: Das Essen wurde häufig von Knaben (bei
Frauen von Mädchen) zubereitet und gereicht, die
auf der anderen Seite der Tafel auf dem Boden
knieten; auch der Wein wurde so angeboten. Vgl.
'Parzival' 423, 29: *Swaz man dâ kniender
schenken sach.* Dazu A. Schultz (s. zu 587) 1,
425f.

643 *gumpelman:* 'Possenreißer', s. Lex 1, 1118; auch
V. 999.

649f 'Wer einen Knaben das Licht so lange halten
läßt, bis er ohnmächtig wird' (nach Haupt).

657 *von:* 'fern, entfernt von' (räumlich mit Dativ),
s. Lex 3, 457.

658 *ron:* 'Baumstamm' (bes. eines entwurzelten Baumes),
s. Lex 2, 485; auch V. 1036.

659 *vor einen sten:* 'sich vor jdn. hinstellen', s.
DWb 10.2.1, 1514.

660 *undersetzter glet:* 'wie eine gestützte (d. h. im
Umfallen begriffene) Hütte'; zu *glet* = 'Hütte'
s. Lex 1, 1033.

664 'Was den Feinden Furcht bringt', gemeint ist eine
Waffe.

666 Haupt hat *den* statt *dem* (so die Hss.), ohne eine
Lesart anzugeben. - *zuht:* Wallner schlägt *zühte*
vor.

667 Haupt setzt *gefüegen,* ohne eine Lesart zu brin-
gen (in beiden Hss.: *vngefvgen*). Dies veranlaßt
wohl Wallner zu folgendem Vorschlag: *und deheinen
kleinen sô gefüegen.*

668 Haupt erwägt *des,* Wallner *dazs.*

670 *eltisch:* 'nach Art der Alten', s. Lex 1, 45 unter
altisc.

685 *der = wer.*

689 *sint:* 'es gibt'.

690 *gollierleppel:* 'Läppchen an der Halsbekleidung',
s. Lex 1, 1046

691 *gerüste:* hier 'Kleidung', s. Lex 1, 891f.

697 *krage:* im Mhd. noch allgemein 'Hals' (bei Mensch
und Tier), s. Lex 1, 1702f.

698 *scheme:* 'Maske, Larve', s. Lex 2, 698.

702 *et = ot,* s. zu 100.

707 Wallner schlägt *wortzeichen* (statt *vorzeichen)*
vor.

714 *so:* hier 'ebenso'.

715 *golmer:* Wallner erwägt *golzen* (eine Fuß- und
Beinbekleidung). Es ist hier aber wohl *koller,*
obd. *goller* ('Kragen, Brustkleid') gemeint; vgl.
die Nebenformen *golnier* bei Schmeller 1, 903 und
kolner im DWb 5, 1614 Abs. 1d.

719ff Vgl. V. 929ff.

727 Schröder schlägt *so* (statt *do)* vor.

729 *biten = bieten.*

737f Haupt übersetzt diese Stelle folgendermaßen:
'Und wenn er dies auch vor seinesgleichen täte
(nämlich Hut und Mantel ablegen), so lobte man
seine feine Sitte'. Wallner schlägt *ribalt* (statt
dirre halt) vor und übersetzt: 'Und zählte er
selbst zur Strolchengilde, man würde seinen guten
Manieren die Anerkennung nicht versagen'.

752 *swelch:* 'Säufer', vgl. V. 262.

760 'Ich behaupte, daß er noch zu Ehren und Reichtum
kommen kann' (nach Haupt).

778 Haupt verbessert zu *sin selbes;* s. zu 19. –
libe = lîbe.

788 Haupt hat *der vremden,* ohne eine Lesart aufzufüh-
ren (in beiden Hss. steht *den).*

789 Haupt setzt *ist er,* ohne eine Lesart zu bringen
(in beiden Hss.: *er ist).*

801ff 'Der Reiche kann ungestraft lügen; durch seinen
Reichtum kann er die Kosten für die Lüge tragen,
denn sein Reichtum bewirkt, daß man ihm beistimmt'
(nach Haupt); zu *verlegen =* 'für etw. aufkommen'
s. Lex 3, 156f. Wallner schlägt statt *lüge* (V.
803) *ziuge* ('Zeugenbeweis') vor und übersetzt:
'Der Reiche lügt ungestraft drauf los, denn ge-
gen ihn darf sich keiner zur Wehr setzen, da er
die Macht hat, den Wahrheitsbeweis abzuschneiden,
so daß man seiner Lüge beitritt'.

813f Haupt setzt *kan* (V. 813) und *erkenn* (V. 814).

831 Keye wird in der mhd. Literatur öfter als
schlechter Erzieher bezeichnet.

840 'Er sagt niemand die Wahrheit'; zu *sleht* = 'auf-
richtig', s. Lex 2, 967.

843 *kündikeit*: 'Verschlagenheit', s. Lex 1, 1771f.

856 Haupt setzt *müeze*.

858 *gumpelmiete*: 'Lohn für den Possenreißer' (*gumpel*
= 'Scherz'), s. Lex 1, 1118.

860 *ribalt*: 'Landstreicher', s. Lex 2, 414; aus mlat.
ribaldus, s. J. F. Niermeyer, Mediae latinitatis
lexicon minus, Leiden 1954, S. 920b.

861 Wallner schlägt *lôsheit* (statt *poshait*) vor.

862 'Es schämt sich nicht zu betteln'.

872 *gerich*: Nach Lex 1, 879 'Strafe, Rache'; hier
wohl (wegen Reimzwang) für *gericht* = 'die gerade
Richtung, das Ziel', s. DWb 4.1.2, 3635.

877 Wallner schlägt *ouch leren* (statt *sich leren*) vor;
zu *sich leren* s. DWb 6, 561.

882 *allez*: hier *alles* = 'immer'?.

897ff Haupt verbessert *let ez* (V. 901) zu *lâtz* und
übersetzt: 'Kommt zu dem Herren ein bedrängter,
anständiger Mann, der ihm seine Not klagt, oder
nehmt an, daß es ein armer Diener des Herren sei,
so vereitelt alsbald der falsche Mund des Hof-
schalkes die Bitte'.

903 *fürsnalle*: 'vorlauter Schwätzer', s. Lex 3, 609;
snalle = 'geschwätziges Weib', s. Lex 2, 1023.

906 *kragelen*: 'scharfe Töne hervorbringen', s. Lex 1,
1703; zu *-unde* vgl. 271.

907 *mülkleffel*: hier übertragen 'Schwätzer', s. Lex
1, 2223 und DWb 5, 893 unter *Klaffel*.

909 Der ständig schwatzende Hofschalk wird als *glocke*
bezeichnet; zu *glocke* = 'Schwätzer', s. DWb 4.1.5,
160 Nr. 12. - Haupt erwägt, *lange* zu streichen;
Wallner meint, zur Kürzung des Verses sei *man* zu
streichen.

911 *pfragenmarket*: 'Markt', s. Lex 2, 262; *pfragner* =
'Kleinhändler'.

913 *schedelen*: nach Wallner österr. 'klappern'; zu
-unde s. 271.

916 *klaffen*: 'klappern', s. Lex 1, 1597.

917 *karren*: 'schreien, lärmen', auch für 'knarren' be-
legt, s. Lex 1, 1522; die von Wallner vorgeschla-

gene Änderung (*karren* zu *knarren*) ist somit nicht notwendig.

918 *kirren:* 'einen grellen Ton von sich geben, schreien', s. Lex 1, 1557 unter *kerren*.

919 *blenkende lin* = 'Fenster, das sich im Winde klappernd hin und her bewegt' (nach Haupt). Zu *blenken* s. Lex 1, 303 u. 3, 91 (Nachtr.). *lin* = 'Fenster mit heraushängendem Geländer', s. Lex 1, 1926.

920 *swateren:* 'klappern', s. Lex 2, 1345. Haupt setzt *snateren*, ohne eine Lesart zu bringen.

922 *grimmen* = *krimmen* = 'die Klauen zum Fang krümmen', s. Lex 1, 1732f.

925 *weckerlich* = *wackerlich* = 'munter, tüchtig', s. Lex 3, 626f.

931 Haupt: *fur den tisch* ...

937 *tratzen:* mit Dativ der Person; s. Lex 2, 1498. - Haupt setzt *sînen herren*.

938 *lîbes* = *lîbes*.

943 *durch gagern:* 'um zu schwatzen, lärmen', s. Lex 1, 724.

945 *einer:* hier 'jener'?; vgl. die Belege im DWb 3, 125f und Carl von Kraus, Das sog. demonstrative *ein* im Mhd., ZfdA 67 (1930) 1-22.

948 Haupts Änderung (*gote* zu *gute*) ist nicht notwendig; vgl. V. 939 u. 945.

950ff Haupts Interpunktion: Nach V. 950 Punkt, Komma nach 951 u. 952, Punkt nach 954.

954 'Nur noch größere Höllenstrafen' (nach Wallner); zu *wiz* = 'Höllenstrafe' s. Lex 3, 958. Wallner vermutet, daß *wiz* (= *wîz*) mit *weiz* verwechselt wurde. Schröders Vorschlag: *wan daz er weiz vil.*

956 *ruren* = *rüeren;* vgl. *etw. rüeren* = 'etw. zur Sprache bringen, auf etw. anspielen' im DWb 8, 1465 Abs. d. Haupt verbessert zu *runen.*

969 *gehilder:* 'Gelächter, Spott' (zu *hellen* = 'ertönen, hallen'), s. Schmeller 1, 1089.

972 Haupt: *swelch junger kneht ist âne scham;* Haupt vermerkt als Anmerkung nur: *ist* fehlt.

976 *tagalt:* 'Zeitvertreib, Spiel, Scherz', s. Lex 2, 1386. - Wallner schlägt *die* (statt *den*) vor.

980 *würfelklauber:* 'Würfelspieler', s. Lex 3, 1007.

982 Haupts Besserungsvorschlag (*affe* zu *ufe* = 'Uhu')
wird durch den nächsten Vers gestützt. Im Gegen-
satz zum edlen Vogel (Falke) wird der Uhu ledig-
lich als Lockvogel benutzt: Da am Tage Greif-
und Rabenvögel häufig auf sitzende Eulen stoßen,
wurden mit einem auf einen Pfahl gebundenen Uhu
Krähen und Elstern angelockt. Vielleicht haben
Formen wie *auf* oder *auffe* (vgl. Lorenz Diefen-
bach, Glossarium latino-germanicum, Frankfurt
a.M. 1857, S. 83a, unter *bubo*) zu *affe* geführt.

987f In Anlehnung an V. 982 schlägt Wallner *ufen*
vor, in V. 988 *strubet* (statt *trubet*). Beides
ist nicht notwendig. Der Affe wird oft als Sy-
nonym für törichte und närrische Menschen ver-
wendet. Gemeint ist an dieser Stelle: 'Er trägt
sein Haar nach närrischer Sitte'. Somit ist auch
eine Änderung von *trubet* ('er ist trübselig')
überflüssig; s. *truoben* bei Lex 2, 1547f. Es war
höfische Sitte fröhlich zu sein:
Von einem, der gerne gibt, heißt es im Winsbecken
49, 4ff:
   ist er dâ bî ein vrœlîch man,
   derz wol den liuten bieten kan,
   sô tuot sîn brôt dem nemenden wol.

989 *üben*: hier allgemein 'tun, ausüben', s. Lex 2,
1686f.

997 Wallner schlägt *kunnents* (statt *kumen*) vor. -
trüllen: 'betrügen', s. Lex 2, 1543.

999 *parat*: 'List, Betrug', s. Lex 2, 205f; aus frz.
barat, ital. *baratto* = 'betrügerischer Handel'.

1000 *leicherie*: 'Betrug', s. Lex 1, 1863.

1001 *ludern*: 'Verlockung', s. Lex 1, 1987.

1015 '... wenn es zu sprechen anfängt'; *reden* = *re-
dende*.

1016 *bern*: 'hervorbringen, Früchte tragen', s. Lex 1,
195.

1020f 'Den Ungelehrten, den Gelehrten und den Vornehm-
men wird seine Schlechtigkeit gesagt'.

1021 *übel* [fem.]: 'das Schlechte', s. Lex 2, 1605.

1024 Wallner erwägt *ez* (statt *er*).

1026 Haupt setzt *zer*, ohne eine Lesart zu bringen;
die Hss. haben *zv* (H) und *ze* (K).

1028 *reit* = *redet*. Wallners Besserungsvorschlag:

tugende vreit (= vraget).

1044 Beide Hss. haben *gvt;* Haupt bringt als Lesart
      got (Verwechslung mit 1051?).

1046ff 'Wenn er die richtigen Herren heranzöge, würde
      ihm Seligkeit beschert; er fragte die besten,
      wie er sein Gut (mit Würde) verzehren sollte'.

1049.1050 Haupt hat wohl *werde* (V. 1049) falsch auf-
      gefaßt und setzt *jehen : geschehen*. Vielleicht
      ist hier *werder* zu lesen.

1051 'Wenn seine Rechtsprechung auch für die anderen
      Leute Gutes bewirkte ...'. Haupt setzt *gote*.

1052 *zam:* 'vertraut, bekannt', s. Lex 3, 1025; vgl.
      Wolframs 'Willehalm' 171,2: *mirst vréude wilde
      und sorge zam;* vgl. auch V. 314.

1054 Wallner schlägt *sanc* (statt *lange*) und Komma
      nach V. 1053 vor.

1055 Vgl. Ulrich von Etzenbach, 'Alexander' (ed.
      Wendelin Toischer, Tübingen 1888), V. 5032ff:
      *got füege mir den man sô wîs,
      der nâch mîns lebens letze
      mich in hôhe wirde setze.*
      ebda V. 16206ff:
      *ich wil erbeitlîcher nôt
      alle die mîne ergetzen
      und in hœher wirde setzen.*

1056 Wallner schlägt *wan er leides kan mit liebe er-
      getzen* vor und verweist auf 'Nibelungenlied'
      1234, 1f (Bartsch / de Boor): *"Waz mac ergetzen
      leides",* sprach der vil küene man, *"wan
      friuntlîche liebe".*

1061 Wallner schlägt *wirt* (statt *wart*) vor.

1063 *vil* ist Subjekt.

1068 Haupt setzt *man jæhe, er wære wol versunnen* und
      erwägt *man jæh daz er sich wol versunne.* Vgl.
      auch V. 876.

1074 *armut:* auch als Neutrum belegt, s. Lex 1, 95.
      Haupt: *vor schedelicher armüete.*

1083 Haupt setzt *leut und* in Klammern; Wallner schlägt
      liumt (= liumunt) vor und verweist auf V. 1064.
      Die Stelle gibt aber auch ohne Änderung einen
      Sinn: Zu Besitz und Reichtum gehören Leute (Die-
      ner und Untertanen); vgl. *Leute* im DWb 6, 840
      Abs. 9 u. 10.

1086 Haupt setzt *muoz;* ich lese mit K mǔze, das auch
     Wallner vorschlägt.

1111 'Wenn ein Kind bis ins Mannesalter so verzogen
     heranwächst'.

1113 Wallners Besserungsvorschlag: *oder des.*

1123 *der:* hier 'wenn einer'.

1125 *verzart:* 'verweichlicht', s. Lex 3, 318 unter
     verzerten.

1132 *verzadeln:* 'aus Mangel umkommen lassen', s.
     Schmeller 2, 1085.

1142 *zadel:* 'Mangel' s. Lex 3, 1017f.

1147.1148 Haupt erwägt *er* (statt *ez*).

1152 *bern:* 'hervorbringen', s. zu 1016.

1166 *veredeln:* 'entarten', s. zu 10.

1167 *ouch:* hier 'doch'.

1169-1172 Zu diesem Vierzeiler vgl. Euling a.a.O.
     S. 299.

1180f 'Den Pfennig will ich ihm stunden, aber er
     könnte mir wenigstens alte Kleider schenken'.
     Haupt setzt *mit mir* (V. 1081), ohne eine Lesart
     anzugeben.

1184 *daz man ez ...?*

1187 *genozzen:* 'ungestraft', s. Lex 1, 863.

1193 Wallners Besserungsvorschlag: *dem kinde gehœret
     zuo daz rîs;* ähnlich beim Marner XV, 238: *liebem
     kinde ist guot ein rîs.* Sinngemäß auch bei
     Hadamar von Laber 253, 1f: *ze liebem kinde
     gehœrent beseme grôze.*

1194 Haupt erwägt: *und zer zuht diu doch îs wîse; îs*
     (statt *sî?*) ist wohl Druckfehler.

1200ff Interpunktion nach Wallner.

1207 Wallner schlägt *verturrt* vor.

1208 Schröders Vorschlag: *ezn weiz waz ez sol tuon od
     lân.*

1210 *wahtelbein:* 'Lockpfeife zur Wachteljagd, die aus
     dem Oberschenkelknochen der Gans hergestellt
     wird', s. DWb 13, 177; vgl. *Meisenbein* bei
     Sanders (s. zu 259), 1, 110a. Zu *wahtelbein* s.
     auch Grimm, Dt. Mythologie (s. zu 545) 2, 833
     und Schmeller 2, 843. Der *meizoge* wird im 'Jŭng-
     ling' mit der Wachtelpfeife verglichen.

1225 *borgen:* hier 'schenken, erlassen'; vgl. dagegen
     V. 1096.

1235 *molte:* 'Staub', hier als Plural, s. Lex 1, 2195.
1241.1242 Haupt hat *gesellen : wollen*. Auf diesen
    Druckfehler hat schon Schröder hingewiesen.
1252 *vreise:* 'Gefahr', s. Lex 3, 497.

VERZEICHNIS DER EIGENNAMEN UND DER IN DEN
ANMERKUNGEN BEHANDELTEN WÖRTER

Die Zahl hinter dem Wort bezeichnet den Vers, zu dem
eine Erläuterung gegeben ist.

ludern   1001
lulecke   238
malen   545
manschieren   603
meilen   616
melden   39
meren   620
molte   1235
mülkleffel   907
müschen   435
musar   227
muze   232
ofen   414
ochsenbein   292
orhun   261
ot   100
parat   999
Paris   418
pfragenmarket   911
putschisen   255
reit   71
reren   619
ribalt   860
ridewanzen   270
ron   658
rüren   956
schedelen (schedelunde)   913
scheme   698
s. selben ezzen   343
site   111
sleht   840
snaben   563
snip und snappe   592
stan → uf hoher stan
swateren   920
swebehoube   78
swelch   262
tafeln   534
tagalt   976
taterman   545
tratzen   937

topeler   295
truben   988
trüllen   997
tüteln   179
übel   1021
üben   989
uf hoher stan   169
ufe   982
understan   272
ungefuret   205
ungenuht   611
unvogel   263
uzstrauben   82
van   546
veredeln   10
verwarren   594
verzadeln   1132
verzart   1125
villan   116
vlederin   71
von   657
vreise   1252
fulch   263
fuore   274
furrieren   273
fürsnalle   903
fürstel   505
wahtelbein   1210
wandel   17
wart   415
weckerlich   925
wera wer   423
wergel   259
wind   24
wirvellock   79
wiz   954
wora woch   496
würfelklauber   980
zadel   1142
zam   1052
zisgemel   241